保育と心理臨床をつなぐ

保育者・心理職・保護者の協働をめざして

滝口俊子・井上宏子・井口眞美
［編著］

ミネルヴァ書房

は じ め に

　本書は，人生の基盤として重要な乳幼児期について，保育・教育の専門家と，心の健康に携わる専門家が，沢山の子どもたちと家庭にかかわった経験を通して得た知見を紹介しています。子どもたちの健やかな成長に寄与する保育・教育の専門家と，生きる難しさに直面した一人ひとりに力を尽くす心理臨床家が，日ごろ想い巡らせている「願い」でもあります。

　編者の一人，臨床心理士の滝口俊子は，保育カウンセラーとして保育場面にかかわってきました。そこで出会い，ともに子どもたちの成長に携わってきた井上宏子氏が園長職から保育者養成の大学教員になられた機会に，おたがいの専門性を生かして，これまでの経験を世に伝えたいと思い立ちました。さらに，大学において保育者養成に携わっている井口眞美氏に，編者に加わっていただくことにしました。

　そして，編者らの信頼する研究仲間に，各章の執筆をお願いしました。それぞれの専門分野において，意欲的に活躍中の方々です。

　各章の間にちりばめたコラムも，保育や教育や臨床において実績のある方々に執筆をお願いしました。未来に生きる子どもたちにかかわるためには広く深い視野を持ちたい，という編者らの願いによります。

　各章の扉は，永年，幼稚園園長を務められた渡邊明子氏が，園児たちの誕生日祝いに贈られた粘土の手作りのミニチュアケーキで飾りました。

　今，社会は目まぐるしく動き，家庭のありようは多様化しています。

　男性と女性の受ける教育はほとんど同じになり，社会的な立場における男女の差は少なくなってきて，家庭のありようにも変化が起こっています。世界の国々との交流が盛んになったことも，我が国の親子関係や，子育て，家庭生活，保育，教育に，変化と混乱とをもたらしています。

i

本書の特徴は，一人ひとりの子どもの健やかな成長を目指して，異なる専門に携わる者たちが取り組んでいるところにあります。読者の皆さんには，知識を丸暗記する「学習」ではなく，子どもと家庭，集団，社会，人類の未来を，じっくりと思いめぐらせ，ときには反論を試みつつ，読み進んでいただきたいと願っています。

　本書を通して，子どもと家庭と社会，心の健康への関心と理解が深まったなら，これに勝る喜びはありません。

　最後に，本書を手に取ってくださった方々と，執筆者たちの日々の活動を支えてくださっている関係者，そして，出版状況の困難な今，本書を世に送り出してくださったミネルヴァ書房に，心から感謝いたします。

　　　2018年　春

　　　　　　　　　　　　　　　　　編者のひとり　滝口　俊子

目　次

はじめに

第Ⅰ部　乳幼児の発達を促す

第Ⅰ部で伝えたいこと ……………………………………………井口眞美…2

コラム1　幼稚園からみた昨今の子どもたち ………………………稲留恭子…6

第1章　健やかな心身を育む──健　康 ……………金元あゆみ…9

1 安心できる環境 ………………………………………………… 10
　　【事例1-1】　だいじょうぶだよ（3歳児6月）……10

2 運動遊び ………………………………………………………… 13
　　【事例1-2】　ピョン（1歳児6月）……13

3 食　　育 ………………………………………………………… 16
　　【事例1-3】　自分でつくったの（4歳児6月）……16

4 防　　災 ………………………………………………………… 18
　　【事例1-4】　今日は避難訓練（1歳〜5歳児6月）……18

5 自　立　心 ……………………………………………………… 20
　　【事例1-5】　自分でできた！（1歳児6月）……20

　第1章「健康」のまとめ──遊びを通した総合的な育ちと「幼児期の終わりまでに
　　育ってほしい姿」（井口眞美）……23

コラム2　子どもの運動遊び ………………………………………… 桐川敦子…25

第2章　人とかかわる力を育む──人間関係 ……… 井上宏子…27

1 自己主張と自己抑制 …………………………………………… 28
　　【事例2-1】　それ欲しいよー（1歳児7月）……28

【事例2-2】 「か・し・て！」（1歳児9月）……*29*

【事例2-3】 ぼくのテントウムシ‼（3歳0か月）……*30*

2 道徳性・規範意識の芽生え……………………………………… *32*

【事例2-4】 「一緒にやろう！」「まだ遊びたい！」
（2年保育4歳児7月）……*32*

3 協　同　性………………………………………………………… *35*

【事例2-5】 おふろ屋さんごっこ（2年保育5歳児6月・9月）……*35*

4 地域社会とのつながり ………………………………………… *38*

【事例2-6】 こうやって折るんだよ！（2年保育4歳児10月）……*38*

第2章「人間関係」のまとめ——様々な人間関係の中で（井口眞美）……*40*

コラム3　子どもの体の成長………………………………………… 深見真紀・*42*

第3章　身近な物事にかかわる意欲を育む——環　境
………………………………………………………… 小谷宜路…*45*

1 自然とのかかわり・生命の尊重 ……………………………… *46*

【事例3-1】 クワガタのお墓
（2年保育・3年保育混合5歳児7月）……*46*

【事例3-2】 バッタとのかかわりの中で
（2年保育・3年保育混合5歳児9月）……*46*

【事例3-3】 畑の草取り（2年保育・3年保育混合5歳児6月）……*48*

2 思考力の芽生え ………………………………………………… *49*

【事例3-4】 ビニール袋の凧揚げ（3歳児1月）……*49*

【事例3-5】 遠足の体験を基にしたごっこ遊び
（2年保育・3年保育混合5歳児10〜11月）……*51*

3 数量・図形・文字への関心・感覚 …………………………… *54*

【事例3-6】 おっきいの　ちょうだい（3歳児5月）……*54*

【事例3-7】 『十匹のこやぎ』ごっこ
（2年保育・3年保育混合4歳児9月）……*54*

【事例3-8】 友だちへのお知らせ
（2年保育・3年保育混合5歳児4月）……*55*

目　次

【事例3-9】　花火大会のチケット（3歳児9月）……55

4　小学校との接続 …………………………………………… 57

【事例3-10】　いろいろな材料で恐竜を作る
（2年保育・3年保育混合5歳児10月）……57

【事例3-11】　コップの注ぎ分け
（2年保育・3年保育混合5歳児2月）……58

第3章「環境」のまとめ——子どもの意欲に着目した見とりを（井口眞美）……61

コラム4　働くママにおくるエール ……………………………………… 高石恭子…63

第 **4** 章　言葉で伝え合う態度を育む——言　葉…… 山下晶子…65

1　言葉の獲得過程 ……………………………………………… 66

【事例4-1】　ほら，みてみて！（0歳児11月）……66

【事例4-2】　絵本（1歳児12月）……69

【事例4-3】　みんなのおもちゃ（2歳児10月）……69

【事例4-4】　すごろく（4歳児1月）……71

2　言葉による伝え合い ………………………………………… 72

【事例4-5】　焼きそば屋さんごっこ（4歳児7月）……72

3　豊かな言語環境 …………………………………………… 74

【事例4-6】　影絵（2年保育5歳児1月）……74

4　家庭との連携 ……………………………………………… 77

【事例4-7】　クラスだより……78

第4章「言葉」のまとめ——豊かな「聞く」「話す」経験が小学校での言語学習
の基礎となる（井口眞美）……80

コラム5　子どもの伝えたい思い ………………………………………… 榎本眞実…82

第 **5** 章　豊かに表現する力を育む——表　現……… 小宮広子…85

1　豊かな表現 ………………………………………………… 86

【事例5-1】　しゃぼん玉があるいてるよ！（2年保育5歳児9月）……86

【事例5-2】　なみだが出ちゃうんだよ！（2年保育5歳児5月）……88

v

2 子どもの見方・考え方 ··· 89

　【事例5-3】　おっきくなっちゃったねー！（2年保育4歳児5月）······89

　【事例5-4】　これでだいじょうぶだね（2年保育5歳児6月）······91

3 集団での表現遊び ··· 93

　【事例5-5】　ギターが作りたい！（2年保育4歳児11月）······93

　【事例5-6】　出てくる　出てくる！（2年保育5歳児5月）······94

4 配慮が必要な幼児へのかかわり ··································· 96

　【事例5-7】　見て　見て　きれいだよ！（2年保育4歳児5月）······96

　【事例5-8】　これ　あげるよ！（2年保育5歳児1月）······98

　第5章「表現」のまとめ──子どもなりのものの見方・考え方を大切に（井口眞美）
　　······100

コラム6　子どもの想像力と創造力と自己治癒力という魔法 ··············馬見塚珠生···102

第Ⅱ部　心理臨床を保育に活かす

第6章　保育に活かすカウンセリングマインド…辻河昌登…107

1 子どもやその保護者とかかわる上での基本的態度と
　かかわり方のポイント ··· 108

　（1）基本的態度······108

　（2）かかわり方のポイント······109

2 子どもと遊ぶ上でのカウンセリングマインド ························· 110

　（1）子どもの葛藤が表現されるものとしての遊び······110

　（2）遊び方の8原則······111

3 保護者を支えるためのカウンセリングマインド ····················· 112

　（1）子どもへの発達促進的なかかわり······113

　（2）「ほどよい保育」と「ほどよい育児」······114

　（3）保護者からの相談への応じ方　······114

目　次

4 特別に支援が必要な子どもとかかわる上での
カウンセリングマインド ……………………………………… 116

（1）A男の事例……116

（2）考　察……119

5 一個の人間存在とかかわり合う上での
カウンセリングマインド ……………………………………… 121

（1）「どの人もすべて何よりもまず端的に人間である」……121

（2）互恵的なかかわり合いを意識すること……121

コラム7　何かになる，その手前のところ
　　　　　──子どもとのプレイセラピーから ………………………久保田美法…123

第7章　子どもへの理解と対応
──保育者・保護者面接と子どもの観察…吉田弘道…125

1 子どもを丸ごと理解する ……………………………………… 126

2 保育者・保護者から話を聞く ………………………………… 127

（1）子どもについての悩み・状態から聞く……127

（2）生活状態と環境……129

（3）生育歴の聞き方……129

（4）歩調を合わせて，一緒に理解する……129

（5）理解の整理と伝え方……130

3 子どもの観察 …………………………………………………… 132

（1）遊び場面の観察……132

（2）その他の観察場面……136

4 子どもへの対応 ………………………………………………… 137

（1）園や家庭での対応……137

（2）遊びを通しての対応……138

コラム8　子どもの世界と宗教性 ……………………………………大村哲夫…141

第8章　保護者と保育者への支援……………………飯長喜一郎…143

1　保育カウンセリングの外枠……………………………………144
（1）保育カウンセリングとは何か……144
（2）子ども・子育て支援新制度……146

2　保護者への支援………………………………………………147
（1）保護者への支援の多面性……147
（2）保護者への支援の2タイプ……147
（3）心理教育的プログラムの導入……149

3　保育者への支援………………………………………………150
（1）虐待事例に対する支援……150
（2）バーンアウト・感情労働に関する支援……155

コラム9　"お母さん"のバランス………………………………岡本加苗…160

第9章　様々なかたちでの子どもと保護者への支援
………………………………………………坂上頼子…163

1　保育の場における保護者相談を振り返る…………………164
（1）保護者相談の多様な枠組み……164
（2）グループ相談における保護者支援……164
（3）行政主導の保育カウンセラー事業……167
（4）個別相談における保護者支援……168

2　保育現場における乳幼児動作法の可能性…………………171
（1）幼児動作法……171
（2）赤ちゃん動作法……172

3　保護者を労う「子育てストレスへのリラックス法」…………172

4　災害時の保育と心理臨床……………………………………174
（1）災害時の子どもの遊び……174
（2）福島県内避難所における室内遊び……174
（3）県外避難による外遊び……175

5　自然の中で遊ぶ子どもの姿…………………………………176

viii

目　次

コラム 10　天災と喪失，そして子育て …………………………………………遠山千尋… *179*

第10章　子育て支援のコラボレーション（協働）
　　　　　 ………………………………………………………… 青木紀久代… *181*

1　子育て支援におけるコラボレーションとは …………………………… *182*
　（1）協働的関係を築く…… *182*
　（2）コミュニティ援助の発想から生まれるコラボレーション…… *183*

2　コラボレーションで行う心理臨床家の主な活動 ………………… *184*
　（1）支援者支援としてのコンサルテーション…… *184*
　（2）巡回相談におけるコンサルテーション…… *185*
　（3）間接的支援は重要な役割…… *186*

3　保育の現場でのコラボレーション ………………………………… *187*
　（1）チームで保育を作ることに参加する…… *187*
　（2）保育相談支援を援助する…… *188*
　（3）保護者を直接支援する場合…… *189*

4　子育て支援の現場でのコラボレーション ………………………… *190*
　（1）当事者の助け合いから生まれるエンパワーメント…… *190*
　（2）多様な相談の構造を強みにする…… *191*

5　コラボレーションの発展へ向けて ………………………………… *192*

コラム 11　「だいじん子（大切な子ども）」をはぐくむ地域支援
　　　　　　──つながる，バランスをとる，助け合う ………… 宗田美名子… *194*

第Ⅲ部　事例を通して学ぶ

第11章　集団生活の意義と配慮
　　　　　──個の育ちを支える集団の役割 ………… 井上宏子… *199*

1　集団生活の意義 …………………………………………………… *200*
　（1）仲間集団（個から集団へ）──インフォーマルな集団…… *200*

ix

（2）クラス集団（自然発生的でない集合体）——フォーマルな集団……202

（3）個の育ちと集団の育ち……203

2 保育者の配慮 ……204

（1）保育者の役割……204

（2）保育を支える職員集団……208

（3）保育カウンセラーと保育者……208

コラム12 里親の元で育つ子どもの暮らし ……奥田晃久…210

第12章 家庭生活の意義と配慮——大人との関係をめぐって
……滝口俊子…213

1 親子関係の問題例 ……214

（1）社会の影響を受ける家族・家庭……214

（2）子どもを見捨てる親……215

（3）親によって心的外傷を負った娘……216

（4）子どもを受容できない親……217

（5）「良い子」であらねばと頑張る子……219

2 大人との関係がもつ意味 ……220

（1）子どもを受容する人……220

（2）子どもの言葉……220

コラム13 日本の母子像 ……北山 修…224

おわりに

x

第Ⅰ部

乳幼児の発達を促す

第Ⅰ部で伝えたいこと

1．遊びを中心とした保育

　乳幼児期の保育において大切にすべきこととは何でしょうか。先生の言うことを聞く子を育てたり，早期教育をしたりすることではけっしてありません。乳幼児期には「生きる力」の基礎を育むことが大切です。そのために，保育者は，子どもの主体的な活動を促し，この時期にふさわしい生活が送れるように支えることが求められます。

　主体的な活動は，子どもが出会った物事に興味関心を示し，心を動かすことによって促されます。乳幼児の思考は未分化であり，乳幼児の発達は，心身の諸側面が相互に関連し合い多様な経過をたどって成し遂げられます。だからこそ，乳幼児にとって主体的に取り組める活動とは，教科学習のように細分化された活動ではなく総合的な活動である「遊び」なのです。

　図0-1のように，乳幼児期には，遊びを通して生きる力の基礎を育むために，「健康」「人間関係」「環境」「言葉」「表現」という五つの領域の視点から幼児の発達を見つめ，保育を行っています。たとえば，ドッジボールで遊ぶ子どもたちは，運動機能を高めることができるだけでなく，ときにけんかをし人間関係の在り方を学んだり，自分の思いを言葉で伝えたりします。工夫してどちらが勝ったか人数を数える経験もすることでしょう。ドッジボールの遊び一つをとってみても，子どもたちは豊かな経験をし，総合的な育ちを獲得しています。乳幼児期には，子どもの発達特性に即した，「遊び」を中心とした生活がふさわしいのです。

2．「幼稚園教育要領」「保育所保育指針」の改訂

　幼児期に文字や数を教えないと小学校に行ったときに苦労するのではないかとの考え方もあるでしょう。しかし，幼稚園や保育所では，友達の名札の文字を読んだりカレンダーを見たりと，幼児が日常の中で文字や数に触れられる環

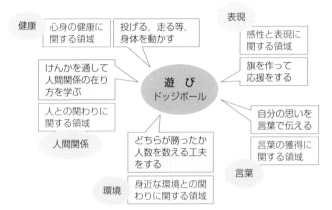

図0-1 遊びを通して育まれる生きる力の基礎
〜ドッジボールの遊びを一例として〜

境を用意することで、文字や数への関心を高めることを大切にしています。保育者がとりたてて文字を教えるより、「自分でも読んでみたいな」と思えるよう、子どもの興味関心に合った絵本をたくさん読んで聞かせ、文字への関心を高めることが先決です。その経験の積み重ねが、小学校での「ぼくもお手紙を書いてみたい」「字が上手に書けるようになりたい」という学習意欲へとつながるのです。

　平成30年度より施行された幼稚園教育要領、保育所保育指針においては、下記の10項目の「幼児期の終わりまでに育ってほしい姿」が示されました。この10の姿は、幼稚園・保育所での活動全体を通して育まれる資質・能力の具体的な姿であり、保育者が指導を行う際に考慮するものであるとされています。

① 健康な心と体
② 自立心
③ 協同性
④ 道徳性・規範意識の芽生え
⑤ 社会生活との関わり
⑥ 思考力の芽生え
⑦ 自然との関わり・生命尊重

第Ⅰ部　乳幼児の発達を促す

⑧　数量や図形，標識や文字などへの関心・感覚

⑨　言葉による伝え合い

⑩　豊かな感性と表現

　これにより，その後の小学校，中学校へと続く学校教育の基礎を見とる視点が具体的に示されました。当然のことながら，この10項目は，総合的な遊びを通し多様な経験の積み上げによって，結果として，修了時期に自ずと育まれる資質・能力であり，「達成目標」として，この10項目を育てることを掲げて保育を行うわけではないことに留意する必要があるでしょう。

3．計画的な保育とその評価

　遊びを中心とした保育と述べましたが，「子どもたちは，一年中，同じ遊びばかりしていることもあるのか」「好きなことしかしなくていいのか」という疑問をもたれた方もいるでしょう。この時期，自分のしたいことを見つけてとことん取り組むことで，乳幼児の主体性は育まれると考えています。入園当初，一人で製作遊びばかりしていた子も，心が安定し気持ちが開放されてくると，自ら友だちを求め鬼ごっこにも参加するようになります。一人ひとりの気持ちを見とり，焦らず見守る保育者の姿勢が大切です。

　ただし，幼稚園・保育所では，子どもの遊びをなすがままにさせているのではありません。教育課程・全体的な計画や指導計画にもとづき，時期や子どもの実態に応じて環境（遊具や製作材料等）や保育者のかかわり方を変えることで，遊びに変化が生まれます。

　今回の教育要領の改訂においてポイントの一つとして挙げられている「カリキュラム・マネジメント」とは，教育・保育の内容並びに子育ての支援等に関する全体的な計画にもとづき組織的かつ計画的に園の教育・保育活動の質の向上を図っていくことを示します。幼稚園では教育要領に示されたねらいと内容を踏まえ，長いスパンでの保育の見通しをもつために，教育課程を編成します。次に，集団の実態や地域性等を考慮し，具体的な指導の内容や方法を示した長期指導計画（年，期，月）を作成します。さらに，日々の保育を展開していく

ために，個々の育ちに応じ，週案，日案といった細かい単位の短期指導計画を立てます。遊びを中心とした保育においては，子どもたちが遊ぶ中で，何を経験しているのか，何が育っているのかを保育者が丁寧に見とり記録する必要があります。「計画 ➡ 実践 ➡ 評価・反省 ➡ 計画の修正 ➡ …」のプロセスを重視し保育の運営を計画的に行うこと，そして保育を振り返り子どもの姿から環境を再構成することで，保育の質を向上させていくのです。

　当然のことながら，保育所・認定こども園においても同様です。充実した園生活を目指し，保育者個人としてだけでなく園全体での，計画的な保育の実施とその適切な評価が求められています。

4．特別な配慮を必要とする子への配慮

　子どもの障害や発達上の課題については，職員間の連携を図り，子どもや保護者に対する個別の支援を行うことが大切です。就学前の子どもをもつ保護者にとって，まだ年齢の小さい我が子の障害を受容できないケースも多々あります。それだけに，保育者は，研修の機会を活用し専門的知識を身につけたり，カウンセラーによる幼稚園・保育所での巡回指導の機会を活用し情報交換をしたりする等，専門機関との連携が求められます。

　もちろん，障害のある子等，特別な配慮を必要とする子だけでなく，全ての子どもにとってよりよい発達の支援，全ての保護者が安心して子育てができる支援を行うことが重要です。

　本書の第Ⅰ部においては，新教育要領や新保育指針におけるキーワードにもとづいて項立てをし，それぞれについて事例を通して説明することで，保育・幼児教育の初学者でも，今後の保育において大切にすべき内容が具体的にイメージできるようにしてあります。個の思いを支え，集団を育む保育の中で，保育者は，子どもの発達段階や一人ひとりの気持ちを見とってどのような援助をしているのか，その結果として乳幼児はどのような育ちを獲得しているのかについて，事例を通して知っていただければと願っています。　（井口眞美）

コラム1　幼稚園からみた昨今の子どもたち

稲留恭子

心に響く褒め方を！

　保護者の方々から「友だちと遊んでいますか。大丈夫でしょうか」と聞かれることがあります。「友だちと仲良く遊んでほしい」というのが保護者の方の願いではないでしょうか。では，家庭での親子のかかわりはどうでしょう。他の子どもと触れ合うことが少なくほとんど家庭の中で過ごしてきた子ども，親の感情や都合で怒られることが多い子どもなどなど……育ってきた生活環境や家庭環境は様々です。家庭で過ごしてきた子どもたちが集団生活に入ると，友だちとのかかわり方がわからない，感情のコントロールができないなどの姿が現れることがあります。

　このような姿を見て，ついつい大人は，「そんなことをしたらダメでしょう」とやった行動を叱って止めさせ，また「ごめんなさいは」と言って解決しようとすることはないでしょうか。ときには，「なんで，またやったの」と感情的になることもあるかもしれません。でも，ひと呼吸おいて子どもの気持ちを考えてみましょう。

　まずは，子どもの気持ちを汲んで「なぜそうしたのか？」を聞き，「そうしたかったのね！」と子どもの気持ちを言葉に出して受け止めてあげることが大切です。その上で，自分のした行動はどうだったのか，何がいけなかったのか，どのようにすればよかったのかを教えてあげましょう。

　そして，もっと大事なこととして，子どもが我慢できたとき，気持ちの表し方が変化し成長を感じたときに，『ハイタッチをしたり，ぎゅっと抱きしめたりして』心からうれしさを伝えてほしいです。そのことが子ども自身が変わろうとする力になるでしょう。言葉だけでなく，もっともっとスキンシップをしながら褒めてほしいと思います。大人のかかわりで子どもは変わっていきます。

　子どもは褒められることによって，自分の行動を変えようとする

力をもっています。現象だけを見て解決しようとするのではなく，子どもの言葉や思いをよく聞いて受け止めてあげてください。「褒めて育てる」ために心に響く「褒め方」を見つけていきましょう。

ぐっすり眠って元気な一日を

すやすやと眠っている子どもの寝顔はかわいいですよね。思わず微笑み心が和みます。

最近は，社会の変化に伴って，生活のスタイルも多様になってきています。家庭の事情もあるでしょうが，子どもの睡眠時間も大人の生活に合わせていることが少なくはないでしょう。

私は，両親に「早く寝なさい」とよく言われていました。そのころは「口うるさい」と思ったこともありましたが，私のことを思ってのことだったのだと，大人になって思ったものです。

「寝ること」は細胞を新しくし，体の成長，情緒の安定，脳の発達に影響してくると言われています。とくに成長ホルモンは，午後10時から午前2時の深い眠り（ノンレム睡眠）のときに多く分泌されるそうですから，成長の著しい幼児期の睡眠は，子どもの成長発達に欠かせません。

子どもが心地よい眠りにつくために，絵本を読むこと，添い寝をすること，電気を消して室内を暗くすること，物語のCDをかけること，戸外でたくさん遊ばせて体を動かすこと，など工夫はいろいろありますね。日ごろ子どもとかかわることが少ない家庭では，親子が触れ合えるひとときになるのではないでしょうか。

睡眠の長さには個人差があります。自分の子どもにふさわしい睡眠時間を知り，その子にあった入眠の儀式を見つけていくといいでしょう。

幼児期の子どもの生活リズムを作るのは家庭です。一日の始まりを爽やかにし，元気に動き友だちとも楽しく遊ぶためにも，子どもの睡眠環境を整えてあげたいですね。

「寝る子は育つ」子どもがぐっすり眠りいい夢をみますように！

第 1 章
健やかな心身を育む
── 健　康

金元あゆみ

第Ⅰ部　乳幼児の発達を促す

　本章では，子どもの健やかな心身を育む「健康」の領域から事例を分析することを通して，子どもの育ちを支える保育について探っていきます。「健康」の領域において大切にしたいことは，保育者による養護的なかかわりの中で子どもが主体的に生活や遊びに取り組み，心や体の健康を培っていけるようにすることです。心身の健康を培っていくとは，たんに表面的な体の動きを見て能力を身につけさせようとしたり，健康に保つ習慣を教え込んだりするといったことではありません。心の健康は，保育者の受容的・共感的なかかわりや思いを共有できる他児とのかかわり合いの中で育まれていきます。体の健康は，子どもが自発的に体を動かし，その心地よさを感じる中で育まれていきます。つまり，心と体の健康は相まって育っていくのです。そうした視点をもって子どもの育ちを支えていくことを大切にしましょう。

1　安心できる環境

【事例1-1】　だいじょうぶだよ（3歳児6月）

　お散歩に出かけたとき，偶然A子の母親と出会った。A子は，思いがけない再会にびっくりしたような表情で硬直している。保育者や子どもたちは母親と簡単な会話を交わし，そのまま別れて目的地へと向かった。母親と別れた後，A子は普段と変わらない様子で仲良しのB子と手をつなぎ楽しそうに会話しながら歩いている。目的地に到着した後も，遊びに夢中になって過ごしていた。

　ところがその帰り道，母親と別れた場所に差し掛かると，突然A子がしくしくと泣き始めた。保育者は何も聞かずに「帰り道でもお母さんに会えるかなって期待してたんだね。会えなかったからさみしくなっちゃったんだね」と言いながら優しくA子の頭を撫でた。もう一人の保育者は「よかったね，お母さんに会えて。奇跡だったね」「もうすぐしたらまた会えるからね。大丈夫だよ」と励ましていた。

　帰り道でもA子とB子は手をつないで歩いていた。B子はA子の涙がポロポロとこぼれるたびに立ち止まり，心配そうな表情でA子の涙を手で拭っている。A子は口を一文字に結び，黙って懸命に歩いている。B子も，A子の様子を気

第1章 健やかな心身を育む──健康

にかけながら,黙って手をつないで歩いていた。
　保育所に到着した後,A子の涙がまたこぼれた。B子は,再びそっと寄り添い「だいじょうぶだよ」とA子の背中を優しく撫でながら一緒に保育室へと入っていった。
　その後の給食の時間,「これ美味しい！」とおかずの話で盛り上がっている

A子に寄り添うB子

子どもたちに混ざって,嬉しそうにB子の隣で給食を食べるA子の姿があった。

　【事例1-1】は,母親に会いたくなって泣いているA子が,周囲に支えられながら気持ちを立て直していく様子を取り上げたものです。子どもの情緒は,一日の中でも大きく変化します。登園時に泣いていた子どもが,園生活の中で魅力的な環境と出会い遊びに夢中になっていたり,また夕方になってさみしい気持ちが思い出されて泣いてしまったりと,その心情も見せる姿も様々です。
　事例の中で,A子は母親との偶然の出会いに驚きつつも,お散歩の楽しさや目的地への期待もあって,母親と別れた後も楽しそうに過ごしていました。しかし,帰り道で母親と別れた場所に差し掛かると,少し前に母親と出会えたときの驚きや喜びが思い出され,さみしい気持ちになってしまったようです。そうしたA子の姿に,保育者は何も聞かずとも気持ちを察し,A子の思いを代弁するような言葉をかけ,共感的にかかわっています。もう一人の保育者は,前向きな言葉をかけてA子が気持ちを立て直せるよう支え,励ましています。このように,子どもの「今の気持ち」を汲み取り,ありのままを受け止めて寄り添う他者の存在は,子どもに安心感をもたらします。
　子どもの「今の気持ち」をありのままに受け止めるということには,喜びや楽しさといったものだけではなく,さみしさや悲しさなども含まれます。子どもが泣いていると,何とか泣き止ませようとしがちですが,まずは泣かずにはいられない気持ちを認め,寄り添い,子ども自身で気持ちを立て直していける

ようかかわることを大切にしましょう。

　さらに，こうした保育者のかかわりは，他の子どもにも伝播していきます。お散歩に向かうとき，A子とB子は楽しそうに会話をしながら歩いていました。しかし，帰り道でA子の涙する姿を見たB子は，心配そうな表情で時折A子の涙を自分の手で拭いながら，手をつないで黙って歩いています。行きの道中のように，興味のある話題を振ることも，「泣いちゃだめだよ」などと言うこともありません。口を一文字に結び，自分の気持ちを懸命に立て直そうとしているA子に静かに寄り添っています。そして，保育所に到着後再びA子の涙がこぼれたとき，保育者がA子にしていたように背中を撫でながら「だいじょうぶだよ」と励ましています。背を撫でるB子の手の優しさが写真からも伝わってくるようです。

　このB子のかかわりは，B子自身の性格やA子との関係性なども影響しているでしょう。しかし，もし泣き止むことを急かす保育者であれば，こうしたB子のかかわりも生まれなかったかもしれません。保育者の受容的・共感的なかかわりの中で，子どももまたそうしたかかわりを他者に向けようとするのです。

　加えて，子どもに安心感をもたらすような温かい周囲の雰囲気も大切です。給食の時間，他の子どもたちの楽しそうな雰囲気に共鳴するように，A子の表情も嬉しそうなものに変化していきました。和やかな雰囲気の中で，自分に寄り添ってくれたB子の隣で給食を食べるA子の心は，同じように温かさで満たされていたのではないでしょうか。

　子どもにとって安心できる環境の中で過ごせることは，全ての育ちの土台となります。そのためには，安全面への配慮だけではなく，思いを受け止めてくれる他者の存在や温かい雰囲気も必要となります。そうした環境に支えられ，信頼できる存在が安全基地となって，子どもの情緒が安定していきます。そして，受け止められる安心感の中で自己肯定感が育ち，主体的に自己を発揮していけるようになるのです。

2 運動遊び

【事例1-2】 ピョン（1歳児6月）

　お散歩に出かけた小さな公園で，C子・D子・E男が高さ数センチの段差に上り歩いて渡って下りることを楽しんでいた。次第に一連の動きが速くなり，楽しそうに歓声を上げながらぐるぐると回って走り始めた。保育者は段差の向こう側にある道路へと子どもが飛び出さないよう気を配りながら援助している。

　走る勢いが増してくると，保育者は「ここからピョンってしてみよう」と段差から地面へ下り，新しい動きを提案した。すぐに，C子は保育者の動きを真似して段差に上った。真剣に地面を見つめ，膝を曲げて勢いをつけた後，保育者の「ピョン」の声に合わせて跳び下りる。その様子に誘われてD子も加わった。段差の周りを走っていた楽しさからか他の場所へ向かって走ろうとしていたE男も戻って来た。E男は段差に上って膝を曲げるもののなかなか跳べず，隣にいるD子が跳ぶ様子をじっと見つめている。他の場所で遊んでいたF男も手に持った宝物（探索して集めた桜の木の実や小石）が入ったバケツを置き，段差に腰かけ他児の様子を楽しそうに眺めている。

　子どもと一緒に跳び下りることを楽しんでいた保育者は，子どもたちが繰り返しその動きを楽しみ始めるとそっと段差から離れ，子どもの動きに合わせて

ピョンと跳ぶ様子

ゆるやかな斜面

第Ⅰ部　乳幼児の発達を促す

「ピョン」と声をかけながら遊びを見守っている。子どもたちは「ピョン！」と嬉しそうに声を上げながら何度も跳び下りることを繰り返していた。

　しばらくすると，C子はゆるやかな斜面になっている場所に移動し，同じようにピョンと跳び始めた。他の子も真似をして，斜面の高い所から低い所へ跳ぶことを繰り返した。E男もそれに加わり今度は躊躇することなく跳んでいた。

　【事例1-2】は，戸外にある環境を使って体の動きを楽しむ1歳児の姿を取り上げたものです。最初，C子・D子・E男は，「段差を上り歩いて渡って下りる」という動きを繰り返し楽しんでいました。慣れてくると，楽しい気持ちが高まったのか，走るという動きに変化しています。走る勢いが増してきたことや側に道路があることから，保育者は安全面にも配慮しつつ新しい動きを提案しています。

　こうした場面において，子どもの動きをたんに制止してしまうことがあります。もちろん，危険が予測される場合にはそうした援助も必要ですが，ここでの保育者の援助は，子どもの思いを尊重したものです。C子をはじめとして次々に子どもたちが保育者の動きを真似し始めたのは，子どもの感じている「体を動かす喜び」や「新たな動きを試したい気持ち」を保育者が汲み取っているからこそでしょう。さらに，子ども同士で遊びを楽しみ始めると，保育者はそっとその場を離れ，子どもの動きに合わせて「ピョン」と言っています。この「ピョン」は「今から跳ぶよ！」という子どもの心の声を聴き取った掛け声です。子どもの気持ちに寄り添い，まるで一緒に跳んでいるかのように動きに合わせて「ピョン」と発しています。子どもは，ただ真似をして個々に楽しんでいるわけではなく，保育者に見守られている安心感に支えられながら跳んでいるのです。こうした保育者の共感的なまなざしによって，子どもの意欲が支えられていきます。

　とくにC子は，段差を跳び下りるときの真剣な様子からも，意気込みや意欲がうかがえます。さらに，模倣から始まったこの動きを，場所を変えて試みています。これは，斜面という環境との出会いが，先ほどまで楽しんでいた「高

14

第1章　健やかな心身を育む──健康

い所から低い所へ跳ぶ」という行為と結びつき，自発的に生まれた挑戦です。このように，生活や遊びの中で経験し得たことを取り入れ，自分なりに工夫して変化させたり再現したりすることで，達成感を味わい主体性が育っていきます。したがって，運動遊びを行うときには，新たな試みが生まれるよう，環境に多様性のあることが望まれます。そうした環境の中で生まれる子どものひらめきや試そうとする意欲を支えていくことが大切です。

　一方で，E男・F男は，ピョンと跳び下りる遊びに心惹かれているものの，他児の様子を見ています。ここでは，同じ「他児を見ている」ということでも，E男とF男の気持ちに違いがあります。E男は「自分もやりたい」という思いで，F男は「他児の楽しそうな様子が楽しい」という思いで見ているのです。同じ遊びの中でも一人ひとりの感じていることや参加の仕方は一様でないことに留意しましょう。

　しかし，閉じられた個の世界のみで遊んでいるわけでもありません。「斜面をピョンと跳ぶ」というC子の新たな動きに惹かれて，周囲の子どもがC子の動きを真似ているように，自らも同じ行為をすることで，そこで得られる面白さを知ろうとしています。そうして互いのやっていることに関心をもち模倣し合う中で，楽しさも深まっていきます。

　このように，多様な動きに挑戦する意欲は，思いをともにしようとしてくれる他者の存在に支えられながら，子どもが自発的・主体的に環境に働きかけ，遊びを楽しむ中で育まれていきます。運動というと，目に見える動きにのみ注目し，技能の習得にむけた「訓練」になってしまう危惧があります。しかし，「心地よさ」と相まってこそ，主体的に体を動かす態度が育っていくのです。C子が新たな場所での試みを思いつき実践したとき，最後にE男が躊躇なく斜面をピョンと跳べたとき，その心は喜びや達成感で満たされていることでしょう。そして，そうした心情が伴う動きは，躍動感に満ち溢れています。さらに，これらの経験を積み重ねた結果として，体力や運動機能が向上していくのです。幼児期には，限定された環境の中で特定の動きを指導することに意を注ぐ前に，まずは自然と体を動かす心地よさを感じられるようにしましょう。

15

第Ⅰ部　乳幼児の発達を促す

3　食　育

【事例1-3】　自分でつくったの（4歳児6月）
　給食の時間，準備のできた子どもから，バイキング形式で順番に並んで自分の食べられる分量を盛り付けている。
　給食を食べていたG男が「これ自分で作ったの」と観察者に陶器のお茶碗を見せた。そして，生き生きとした様子で「こうやって作ったの」と親指をお茶碗に押し当てて形を整える仕草をする。以前，園外保育で陶芸体験に行き，保育所の子どもたちで作ったものとのことであった。「自分で作ったものだから自分で洗うんだよ。あっちで（流しの方を指さす）」と得意気に話し「H子ちゃんも，I男くんも，使ってるよ」「色が違うんだよ」と他児のお茶碗を指さす。
　G男のお茶碗には白米が盛られていたが，一粒も残さずきれいに食べている。観察者が「自分で作ったお茶碗で食べたらおいしいね」と言うと，G男は「うん」とにっこり微笑んだ。

自分で配膳する様子　　　　　　　　自分で作ったお茶碗

　【事例1-3】は，自分の作ったお茶碗で食事を楽しむ子どもの様子を取り上げたものです。G男は陶芸体験で作ったお茶碗でご飯を食べることに喜びを感じています。お茶碗について生き生きと語る様子は，お茶碗を作るときに感じた喜びや感動が思い起こされているかのようです。生活の中で経験した嬉しい

第1章　健やかな心身を育む——健康

体験と結びつきながらの食事は，何倍も美味しく感じられることでしょう。

　保育における食育では，食への関心を高めるために，野菜などを栽培・収穫したり，料理をしたりなど食にまつわる様々な体験が取り入れられています。そうした体験を通して，食事がたんなる栄養補給ではなく，食べ物への関心や食べることへの意欲を高めるものになっていきます。たとえば，自分で野菜などを育てる体験を通して，命をいただくという気持ちを抱いたり，自分で作った料理を友だちと一緒に食べる体験を通して，味わって食べたり誰かと一緒に食べる楽しさを感じたりしていきます。

　こうした食育体験を行う際に大切にしたいことは，生活から切り離された特別なイベントにするのではなく，日常的な食とのつながりを感じられるようにすることです。事例の中では，園外保育でお茶碗を作るという体験をしています。「お茶碗を作る」という体験自体，子どもにとってはとても楽しいものであったことでしょう。しかし，「作っておしまい」と一つの活動として完結するのではなく，給食の食器として用いられています。そうすることで，「お茶碗を作ったときの喜び」と「作ったお茶碗で食べる喜び」が相まって，食事がさらに楽しいものになっていきます。一粒も残っていないきれいなお茶碗からも，Ｇ男の喜びが伝わってくるようです。

　また，Ｇ男は他児のお茶碗にも関心を寄せています。それぞれが作ったお茶碗を指さしながら，色などの特徴を説明する姿があります。陶芸体験をともにした他児と，一緒の食器で一緒に食べるということも，食事の時間を楽しいものにしていきます。

　さらに，事例の中には，配膳や片付けといった「食べる」以外の行為も出てきます。子どもの食べられる量には個人差があり，体調によってその日の食欲も変わってきます。園によって方針も異なりますが，自分の体に関心を向け，食べられる量を自分で決め，自分で配膳することも食を営む力を育みます。また，自分で作ったお茶碗を使っている子どもは，そのお茶碗を自分で洗う姿もみられました。Ｇ男が得意気に「自分で作ったものだから」と言っているように，洗うという行為に対する主体性が感じられます。こうした食事に関する一

17

連の営みを，子どもが主体的に行えるように配慮することも重要です。食事という日常生活の一部の中にも子どもの育ちがあることを大切にしましょう。

4 防　災

【事例1-4】　今日は避難訓練（1歳〜5歳児6月）
　毎月行われる避難訓練の前，3歳児のJ子が「今日は避難訓練だよ」と観察者に伝えに来た。側にいたK男も「そうだよ。火事になったら園庭に逃げるんだよ。（担任の）L先生かM先生のところに行くんだよ。いなかったら他の先生のところでもいいんだよ」と，保育者から聞いた避難の手順を思い出しながら説明する。それを聞いていた周りの子どもたちも口々に「火事だから消防車が来るよ」「ちがうよ。今日は消防士さんが来るんだよ」「たすけてって言うんだよ」と説明を加えていった。
　しばらくすると「給食のお部屋が火事になりました」と園内放送が流れ，1歳から5歳の園児が園庭に避難してきた。保育者はクラスごとに子どもに集まるよう言葉がけをし，点呼をとり報告し合っている。
　全園児の避難が完了したことを確認し，保育者は避難するときに大切なこと（"お"さない，"か"けない，"し"ゃべらない，"も"どらない）について，その理由を問いかけながら丁寧に子どもに伝えている。そして，各クラスの避難の様子を振り返り，子どもたちの速やかな行動を認めていた。
　次に，消火訓練が始まった。保育者の臨場感溢れる実演を子どもたちも真剣

園庭に避難する様子

消火訓練「火事だー！」

第1章 健やかな心身を育む——健康

消火訓練の様子

な様子で見つめている。オレンジ色のコーンを火元に見立てて保育者が「火事だー！」と叫ぶと，2歳児も「かじだー」と繰り返していた。

　消防士から火元との距離のとり方について説明を受け，保育者が消火器を持って消火に向かった。座っていた子どもたちも立ち上がり，その様子をじっと見つめ，無事に消火が終わると拍手をして喜んでいた。

　【事例1-4】は，避難訓練の様子を取り上げたものです。子どもが安全に過ごせるように，保育者は日頃から安全管理の体制を整え，職員だけではなく地域や他の専門機関とも連携を図っていく必要があります。加えて，子ども自身が安全に対する習慣を身につけていけるよう計画を立て援助することも求められます。

　安全に対する習慣は，こうした訓練を定期的に実施したり，生活の中で必要な知識を伝えたりしていくことで培われていきます。J子やK男が保育者から聞いた避難の手順を他者に伝える様子からも，子どもにとって大切なこととして位置づいていることがうかがえます。さらに，周囲の子どももJ子やK男に加わって互いに知っている知識を出し合っています。このように，他者に説明したり，子ども同士で伝え合ったりすることも大切にしたい姿です。日常的に伝え合うことを繰り返す中で，防災への関心も高まっていきます。

　しかし，たんに知識を伝えればよいということでもありません。避難する上

19

で大切なことについて，保育者が子どもに理由を問いかけているように，具体的なイメージをもって行動の意味を考えられるようにしていくことが重要です。

　消火訓練の中では，保育者の実演を真似したり，消火を喜んだりする姿があります。このように，様々な災害を想定し，その対処の仕方や意味について繰り返し学べる機会をもてるようにしましょう。

5　自　立　心

【事例1-5】　自分でできた！（1歳児6月）
　朝のおやつを終えたころ，裸足で過ごしていた子どもたちは，靴下を履いてお散歩に出かける準備をしている。
　N子は，片足ずつ自分で靴下を履こうとするが，つま先の部分は入るものの，踵（かかと）の部分がどうしてもうまく履けない。踵の部分で止まっている靴下を見せながら「できない」と観察者に訴えてきた。「ここを持ってぎゅーってひっぱってごらん」と踵に引っかかっている靴下の端を指して助言すると「ここ？」と再び挑戦する。足を上げて引っ張ってみたり，正座を崩したような姿勢に座り直して踵の後ろ側から引っ張ってみたり，真剣な面持ちで試行錯誤しながら取り組んでいる。靴下の端が踵の部分を越え，N子は最後の仕上げとばかりにぎゅーっと靴下を上まで引っ張った。N子は「できた！」と満面の笑みで靴下が履けた片足を観察者に見せる。

靴下履きに挑戦する子どもたちの様子

観察者はＮ子と微笑み合い「やったね！」と喜んだ。その様子を見ていたＯ子やＰ子も同じように靴下を履くことに挑戦し，靴下が履けると「できた」と観察者に足を見せ，嬉しそうに報告した。Ｎ子のときと同じように「やったあ」と微笑み合った。

【事例１‐５】は，靴下を履くことに奮闘する１歳児の姿を取り上げたものです。今まで大人の援助なしにはできなかったことが，少しずつ自分一人でできるようになっていくことは，子どもにとって大きな喜びでしょう。「自分でやりたい」という意欲は自立心の芽生えです。「自分でできた」という喜びは自信へとつながります。したがって，子どもの「自分でやろうとする気持ち」を受け止め「自分でできた」という達成感・満足感が味わえるようさりげなく援助し，その喜びを共有することが大切です。

しかし，子どもの挑戦には失敗がつきものです。意欲と諦めそうになる気持ちとの狭間で揺れつつ試行錯誤しながら，徐々に一人でできることが増えていきます。事例の中で，Ｎ子は自分でやろうとするものの，なかなか思うようにいかないことから，くじけそうになっています。こうした場面においては，助言をしたり励ましたり，必要に応じて手を添えたりしながら，その意欲を支えていきましょう。試行錯誤の先にある，Ｎ子の「できた！」という喜びは，次の挑戦への意欲につながっていきます。

事例の中では，達成感に満ちたＮ子の姿に誘われるように，Ｏ子やＰ子も靴下履きに挑戦しています。このように，一人の子どもの挑戦は，他児にも影響を与え広がっていきます。

子どもの自立心は，小さな挑戦を実現することを積み重ねながら少しずつ芽生えていきます。したがって，目に見える「できる─できない」という指標のみで子どもの育ちをとらえたり，「一人でできること」のみを重視して周囲から個を切り離したりすることには注意が必要です。表面上は「一人でできる」姿であっても，その内面に挑戦への心情や意欲がどう育っているかを汲み取ることが大切です。その上で，意欲を支え達成感につながる援助を考えていくよ

うにしましょう。子どもの育ちを急がず，その都度子どもの心の揺らぎに付き合いながら見通しをもってかかわることが大切です。

〈文　献〉

鯨岡峻　2006　ひとがひとをわかるということ　ミネルヴァ書房

倉橋惣三　津守真・森上史郎（編）　2008　育ての心（上）　フレーベル館

佐伯胖　2001　幼児教育へのいざない——円熟した保育者になるために　東京大学出版会

佐伯胖（編）　2007　共感——育ち合う保育のなかで　ミネルヴァ書房

第1章　健やかな心身を育む──健康

❖第1章「健康」のまとめ
　　──遊びを通した総合的な育ちと「幼児期の終わりまでに育ってほしい姿」

　これまでに示した事例のように，子どもたち一人ひとりは，友だちや保育者とかかわりながら様々な経験を積み重ね成長していきます。本書では，いくつかの具体的な活動を取り上げ，「健康」・「人間関係」・「環境」・「言葉」・「表現」という5領域の視点から子どもの育ちを見直しています。当然のことながら，第1章で紹介した活動を通して，領域「健康」にかかわる内容だけを育てているわけではありません。たとえば【事例1-2】のように，1歳児の子どもたちは，戸外で体を十分に動かすことを楽しむ経験をしていますが，それと同時に，友だちとのかかわりを楽しんだり，自分の動きや思いを「ピョン」という言葉で表現したり，公園の芝生の斜面という自然環境に触れたりと，5領域にまたがる多様な経験をしながら成長しているのです。

　新しい教育要領・保育指針では「幼児期の終わりまでに育ってほしい姿」として，活動全体を通して育まれる資質・能力に関する10項目の具体的な姿が示されました。

　保育者は「幼児期の終わりまでに育ってほしい姿」を見据え，長期的なスパンで子どもの育ちを見とる一方で，各事例に見られるように，その日その時という短いスパンで子どもを見とり，適切なかかわりを行う必要があります。ここでは，その10項目のうち，領域「健康」にかかわりの深い「健康な心と体」「自立心」について事例をふまえて解説しましょう。

◆健康な心と体
　園生活の中で，充実感をもって自分のやりたいことに向かって心と体を十分に働かせ，見通しをもって行動し，自ら健康で安全な生活をつくり出すようになる。

　【事例1-2】の子どもたちは，「やってみたい」という意欲に支えられ，体を動かす遊びを心から楽しんでいます。また，保育者の温かく見守る姿勢が子どもたちの繰り返し遊び続ける行動を導き出しています。年齢が上がるにつれ，子どもたちは「縄跳びを50回跳べるまで挑戦しよう」とめあてをもって遊びに

23

取り組んだり，誰かが近くにいないことを確かめてから鉄棒をする等，安全に配慮した行動をとったりすることもできるようになります。

◆自立心
身近な環境に主体的に関わり様々な活動を楽しむ中で，しなければならないことを自覚し，自分の力で行うために考えたり，工夫したりしながら，諦めずにやり遂げることで達成感を味わい，自信をもって行動するようになる。

【事例1-1】にあるように，入園当初や進級当初の子どもたちの中は，不安を抱えながら園生活を送る子もいます。まずは，保育者をはじめとする周りの人々がその子に安心感を与え，情緒が安定した状態で過ごせることが何よりです。そのためには，登園したらリュックはロッカーにかける，自分でトイレにいく等，園生活に必要な基本的生活習慣を身につけること，「遊んだ後は，給食だね」「おやつが終わったらお母さんがお迎えに来てくれる」等，見通しをもって行動できることが求められます。こうして気持ちが安定した子どもは，徐々に人間関係を広げたり主体的に遊びを展開したりできるようになります。

保育者は，幼児一人ひとりが「幼児期の終わりまでに育ってほしい姿」に向かってどのような過程を経て育っているかを丁寧に見とる必要があります。例を挙げると，縄跳びに意欲的に取り組んでいる5歳児Q子は，後ろ飛びができるようになるまで〝諦めずにやり遂げる〟姿が見られます。しかし，ウサギがあまり好きではないQ子は，ウサギの飼育当番の活動では，とうてい〝主体的に〟取り組んでいるとは言えない状態が続いていたとします。このQ子の「自立心」は育っていないのでしょうか。Q子のような姿は幼児にとって至極当然の姿と言えます。だからこそ，育ちの評価は「できた，できない」という単純なものではすまないのです。「運動遊びの場面では自立的な姿を発揮することが多くなったが，動物当番の場面では保育者が付き添いながら苦手なところをサポートする必要がある」等，その子の興味関心，友だち関係等をふまえ具体的事実に即して評価を行う必要があります。

（井口眞美）

コラム2　子どもの運動遊び

桐川敦子

　少子化，核家族化，都市化，情報化などの言葉で特徴づけられる今日の社会において，子どもが体を動かす機会が減少しています。我が国の子どもの体力，運動能力は，2007年の下げ止まりを境に向上の兆しを見せてはいますが，その向上率は緩やかです（文部科学省，2013）。また小児肥満，姿勢異常の増加も確認されています。日々の遊びの中で子どもたちが十分に体を動かし，運動能力の基礎を培い，丈夫な体と健やかな心を育むことが望まれています。保育者には質の高い援助，指導が求められています。

　文部科学省は2012年に「幼児期運動指針」を作成し，幼児は様々な遊びを中心に，毎日60分以上楽しく体を動かすこと等を提案し，問題解決に取り組んでいます。

　遊びを中心に楽しく体を動かすことを提案する背景として杉原ら（2010，2011）の調査が挙げられます。杉原ら（2010）が幼児の運動能力と幼稚園での取り組みとの関係について調査を行ったところ，一人ひとりが自由な活動をする遊び中心の園の子どもの方が，指導者が決めた同じ活動をする保育を行う園の子どもよりも運動能力が高かったと報告しているのです。また，杉原ら（2010）は，調査した園の中で保育時間内に運動指導をしている園が全体の70〜80％あり，そのうち7割強で専門の指導者が体操，水泳，縄跳び，サッカーなどを指導していたことと，それらの運動指導をしている園の子どもは，運動指導をしていない園の子どもに比べて運動能力が低いことを報告しているのです。さらに，杉原ら（2011）は，遊び志向の高い園の子どもほど，様々な運動パターン，多様な動きを経験しており，これが子どもの運動発達に貢献しているのではないかと論じています。

　このように，杉原ら（2010，2011）は一連の研究から，指導者が特定の運動教材を行わせる一斉保育よりも子どもの興味・関心にもとづいた自発的な遊びの形での運動経験の方が，子どもの運動発達にとって効果的であることを示しました。幼稚園教育要領においても幼稚園教育は，「幼児期の特性を踏まえ，環境を通して行うものであることを基本とする」とし，「幼児の主体的な活動を促し，幼児期にふさわしい生活が展開されるようにすること」，「遊びを通しての指導を中心と」すること，「幼児一人一人の特性に応じ，発達の課題に即した指導を行う」ものと記されており，幼児の主体的な遊びが保育の現場において重要であること

は言うまでもないのですが，運動能力向上の面における重要性について明解にしたのです。

　子どもが体を動かして遊ぶことによって育まれるものは，運動能力だけではありません。体を動かしてたくさん遊ぶことは，たくさん食べ，ぐっすり眠るという生活のリズムをつくることにつながるでしょう。また，大好きな大人やお友だちと一緒に体を動かすことによって生まれるコミュニケーションの中から，あたたかな人間関係や社会性を育むことにもなるのです。様々なことを考える契機となり，発想する力や楽しみも得られ，多くの非認知能力が育まれることでしょう。

　保育者には，日々，一人ひとりの子どもに寄り添い，自発的な遊びに対して適切な援助を行うことが求められています。子どもとともに走りまわって楽しさを共有したり，子どもが自然に体を動かして遊びたくなるような環境構成を行うことは重要な役割です。自然の中で遊ぶ時間を確保したり，ときには手作りおもちゃを用意して，環境を作っていくとよいでしょう。そしてときには，子どもたちの経験を豊かにするために，状況に応じた遊びを提案することも大切です。何かができるように……という願いを先行させるのではなく，保育者が子どもの心情，意欲，態度に目を向け，遊びを通して何が育まれているのかということを考えていけば，子どもたちは心身ともに健やかに育ち，生涯にわたりケガなどの危険を回避しながら，健康に，心豊かに，幸せに過ごすための根となるものを育んでいくことでしょう。

〈文　献〉

桐川敦子・中道直子・内山有子　2016　幼稚園における運動遊び指導の課題——幼稚園教諭及び幼児体育指導者による運動指導実態調査から　チャイルドサイエンス（子ども学），**12**，53-56.

桐川敦子（監修）　2016　保育園，幼稚園のわくわく運動遊び　成美堂出版

文部科学省　2013　平成24年度体力・運動能力調査報告書

杉原隆・河邉貴子（編著）　2014　幼児期における運動発達と運動遊びの指導——遊びの中で子どもは育つ　ミネルヴァ書房

杉原隆・吉田伊津美・森司朗・筒井清次郎・鈴木康弘・中本浩揮・近藤充夫　2010　幼児の運動能力と運動指導ならびに性格との関係　体育の科学，**60**，341-461.

杉原隆・吉田伊津美・森司朗・筒井清次郎・鈴木康弘・中本浩揮・近藤充夫　2011　幼児の運動能力と基礎的運動パターンとの関係　体育の科学，**61**，455-461.

第 2 章
人とかかわる力を育む
―― 人間関係

井上 宏子

第Ⅰ部　乳幼児の発達を促す

　「人は一人では生きていけない」と言われるように，人は社会の中で生活しています。そして，その根底にあるのが人間関係であり，人とのコミュニケーションは生後直後から始まるもので生涯にわたって続くものです。子どもは園では保育者や同年代の子，その他の人々と出会い，かかわることで親しい関係を構築していきます。しかし他者とかかわる楽しさ，嬉しさを感じるのと同時に，他者とかかわることで思い通りにならない怒りや葛藤，失敗感などの経験も積み重ねていきます。子どもは，怒りや失敗感，葛藤などに出会ったときに，他者との関係の中で自分を見つめ，自己を形成していくので，他者とのかかわりの発達と自己の発達は切り離せないものなのです。そのため，保育者が，子どもたちの人間関係を把握して，必要な経験をタイミングを逃さず経験できるように援助していくことが重要です。

　互いのよさや特徴を認め合って，助け合ったり調整し合ったりして一緒に遊びを進める経験や，友だちと協同することの喜びや達成感を感じる経験を積むことは，小学校以降に，仲間との関係を調整し人間関係を深めることにつながるのではないでしょうか。

1　自己主張と自己抑制

【事例2-1】　それ欲しいよー（1歳児7月）
　A男がB子の使っているアンパンマンのおもちゃが欲しいらしく，B子に体をぐいぐい押しつけ，強引におもちゃを取ろうとする。
　B子「ヤダー」A男に取られないように両手でおもちゃを抱え，保育者の方を見る。
　保育者「Aくん，Bちゃんが

「どっちもアンパンマンだね」

使っているから，あとでね。こっち（形は違うが，アンパンマンのおもちゃ）じゃダメかな？」

A男「……」二つのおもちゃをしばらく見比べていたが，保育者が差し出したアンパンマンのおもちゃを手に取り，B子の横に座り，遊び始める。

【事例2-2】「か・し・て！」（1歳児9月）

B子が見ている絵本をA男が取り上げてしまう。B子は泣きながらA男の姿を目で追う。

保育者「Aくん，その絵本，読みたいの？」「今はBちゃんが見ているから返そうね」A男は保育者に言われ，しぶしぶ絵本を手放す。

保育者はA男から絵本を受け取り，一旦B子に返す。「Aくん，Bちゃんに，貸してって聞いてみようか？」「Bちゃん，か・し・て！」

A男は，保育者の言葉に合わせて手をたたくジェスチャーをし，貸して欲しいという意思表示をする。

B子は泣き止み，A男の様子をじっと見ていたが，絵本を手放し，A男と同じように手をたたきはじめる。

保育者「Bちゃん，あ・り・が・と・う」

A男もB子もにこにこして，ありがとうの言葉に合わせて手をたたく。

　1歳児は発語の差が大きく，言葉で気持ちを訴えることができる子もいれば，まだ言葉では思いを伝えることができず，身振りや手振り，表情で思いを伝えようとする子も多くいます。このころの子どもは，自分のものや友だちのものに興味をもち，友だちの存在を意識し始めます。【事例2-1】，【事例2-2】は7月時点で，A男は1歳11か月，B子は2歳1か月です。A男はB子の持っているものを欲しいという気持ちを，ぐいぐい身体を押し付ける・絵本を取り上げるという態度で表し，B子は，嫌だという気持ちを，「ヤダー」という言葉や，泣く・保育者に目で訴えるという態度で表しています。保育者がそれぞれの思いを受け止め，その子なりのサインの出し方を理解して対応することが求められます。ここでは保育者が，A男の「B子の持っているものが欲しい」という思いを受け止めつつも「B子に占有権がある」ということをA男に伝え，

第Ⅰ部　乳幼児の発達を促す

どうしたら二人の思いが両立するかということを考えて提案しています。保育者に受け止めてもらえたことで，A男は自分の気持ちを抑え切り替えてB子と一緒にいることに喜びを感じることができました。B子の中でも，嫌なことをするA男という存在から，一緒にいて心地よいA男というように，A男の存在が変化しています。

　乳幼児は，自分の思いや欲求を言葉で伝え合うことが難しい場面が多くあります。保育者が，子どもの自己主張をどう受け止めどう支援するかが，その後の友だち関係の中での自己主張や自己抑制の姿に影響します。"いやいや期（2歳児）"ではさかんに自己主張する姿が見られますが，1歳児にも1歳児なりの自己主張と自己抑制が見られます。

【事例2-3】　ぼくのテントウムシ‼（3歳0か月）

　C男がテントウムシを見つけ，一緒にいた保育者が捕まえて，みんなに見せていると，C男が「それ，Cくんのテントウムシだよ。ちょうだい」と保育者に言う。

　保育者「みんなに見せてあげてね」テントウムシをC男の手の平に乗せる。周りに集まっていた子たちは「見せて見せて」とC男に詰め寄る。

　C男はみんなに背中を向けて見えないようにし，「みんな見ちゃダメ！　Cくんのだよ」と大きな声で言う。

　保育者「Cくんのじゃないよ，みんなのテントウムシだよ。みんなだってテントウムシ見たいよねー」

　C男「だって，ぼくが見つけたんだもん」

　周りにいる子たちはテントウムシを見ようとし，C男の手からテントウ虫を取ろうとする子も出てくる。

　C男「Cくんのだよー。みんなのじゃないもん」と泣きながら，大きな声で叫ぶように言う。

　保育者「先生は，みんなのテントウムシって言ったよ。Cくんは自分だけテントウムシ独り占めだよ」「みんなも見たいのに，Cくんだけ見て触ってたら，みんなは楽しいかな？」「みんなの顔見てごらん。うれしそう？」「先生はうれしそうかな？　楽しそうかな？」C男の目を見ながら言う。

C男，しばらく考えて「たのしく　そうない……（楽しそうじゃない）」
保育者「みんなはどんな顔してる？」
C男「たのしく　そうない」
保育者「Cくんは楽しい？」
C男「……」
保育者とC男のやり取りを見ていたD子は「Cくんのテントウムシみーせーてー」と小さな声で言う。
C男は握った手をジーっと見てから「いいよ」と言ってそっと手を開く。
D子「Cくんありがとう。見えたよ！」とニコッと笑う。
保育者「Cくん，Dちゃんの顔うれしそうだよ」
C男は，D子の顔を見て「みんなのテントウムシだよね。みんなで見るんだよね」と言って，手を大きく広げ，自分のもっているテントウムシをみんなに見せた。

「テントウムシだ！」

みつけたテントウムシ

　C男は，自分が見つけたテントウムシだから自分のものだという気持ちを「見ちゃダメ」という言葉で表現しています。ある程度，言葉での自己主張が可能になった子どもは，自分の思いを言葉で表現しようとしますが，言葉だけでは思うように伝わらないので，トラブルに発展することも多いのです。保育者がそれぞれの思いを言葉に出して伝えることで，自分の思いや行為を自分なりに振り返り，どうしたらいいのかを自分なりに考えるようになります。C男は，保育者に「みんなの顔見てごらん。うれしそう？」「先生はうれしそうか

第Ⅰ部 乳幼児の発達を促す

な？ 楽しそうかな？」と言われ，ハッと気づきます。自分の思いだけでなく，友だちの気持ちにも気づき，保育者の援助があれば自分の気持ちをコントロールして我慢することもできるようになるのです。

＊

　トラブルや葛藤場面での保育者の役割は，子どもたちの発達や個性，その場の流れをしっかり見届けて，どのような経験が必要なのかを考えて支援することです。

2 道徳性・規範意識の芽生え

【事例2-4】「一緒にやろう！」「まだ遊びたい！」（2年保育4歳児7月）

　E男とF男は，朝から砂場で山を作っている。二人は家も近く入園前から一緒に遊んでおり，E男が自分のイメージをつぶやきF男が従うということが多いが，山作りは二人のお気に入りの遊びになっていた。

　E男はF男が同じところを掘っていたので，山とは別に穴ができたのを見て，「水持ってこようか……」とつぶやき，じょうろに水を汲んできて穴に流し，「今度はFくん」と言ってF男にじょうろを渡す。

　F男はE男からじょうろを受け取り自分で汲んできて流す。

　水を汲んできて流す動作を交代で繰り返し，水が溜まってきたところでF男が「海みたい」と言ったことがきっかけで，二人は裸足になり穴の中に入ってバシャバシャ足を踏み鳴らす。

　二人の様子を見ていたG男が入りたそうに見ているがどうしたらいいのかわからない様子。

　保育者「Gくんもやりたいの？」

　G男は無言でうなずく。

　保育者「入れてって言ってみようか。先生もやりたいから……。」

　G男はもじもじして，自分からは言えない。

　保育者「いーれーて！」

　E男・F男「いいよ」

　保育者「Gくんも入りたいんだって」

32

F男「いいよ」
E男「ダメだよ」
保育者「先生はいいのに，なんでGくんはダメなの？」
　G男は無言で下を向き，泣き出しそうな顔で保育者の手を握る。F男も困ったような顔をして保育者とE男を見ている。
保育者「あれっ，海の水がだんだん減ってきちゃってる。Gくんに汲んできてもらおうか？」
　E男「いいよ」と言ってじょうろを差し出す。
　G男はE男からじょうろを受け取り水道のところに走って行く。
　G男が汲んできた水を流すと，E男がG男からじょうろを受け取り水を汲みに行き，三人で交代しながら水を運び，"海"の中に入って遊ぶ。

保育者「そろそろお片付けだね」
E男「ヤダー，まだ遊びたい！」
保育者「今日はプールだよ。みんなと一緒に入るから……。お片付けしないとみんなプールに入れないよ」
E男「プール入らないもん」
保育者「FくんとGくんは？」
F男・G男「プール入る！」
E男「……」
保育者「じゃあ，お山と海はこのままにしてシャベルとじょうろだけ片付けて，お弁当食べたら続きしようか」
　三人でシャベルとじょうろを片付け「お弁当食べたら，またやろうね」と言い合いながら保育室の方へ走って行く。

「水持ってきたよー」

　入園して4か月。新しい生活にもやっと慣れて周りの子どもたちが何をしているのか興味が出てくる時期です。気になる友だちができたり，今まで一人で

33

第Ⅰ部　乳幼児の発達を促す

遊んでいた子が，同じものをもっている子や同じ場所で遊んでいる子とかかわりながら二人で遊ぶ姿が見られるようになってきたりします。

　E男とF男は入園前から一緒に遊ぶことが多かったので，言葉での伝え合いがなくても，互いに相手の動きやつぶやきをキャッチして自分の動きを決めるという流れが自然にできています。G男は，やっと周りに目が向き始め，楽しそうに遊んでいるE男とF男の仲間に入りたかったのでしょう。しかし，どうやって仲間入りしたらよいのかわからずに見ているだけです。保育者は，G男の気持ちを読み取り，「入れて」という仲間入りの言葉を伝えています。また，一人では言えないと判断し，G男の気持ちを代弁しています。

　E男もF男も保育者の参加に対しては了承したのに，G男の参加についてはF男が「いいよ」と即答しE男は「ダメだよ」と応えています。F男は優しい子でE男は意地悪なのでしょうか。このころの子どもは，仲良しの友だちと一緒に遊びたい，だから二人の世界を壊したくないという気持ちをもっています。E男は，大好きな先生はいいけれど，G男は一緒に遊んだことがないから，何となく「ダメだよ」と言ってしまったのではないでしょうか。保育者の「先生はいいのに……」という言葉に泣き出しそうになってしまったり，「……Gくんに汲んできてもらおうか」という言葉に救われたように「いいよ」と言ってじょうろを差し出したりしていることからも意地悪でないことがわかります。保育者が「入れて」と言われたら仲間に入れてあげなければいけないのだという態度で介入していたら，E男は嫌な思いのままG男を仲間に入れることになり，意地悪をした子とされた子という関係が成り立ってしまいます。

　楽しい遊びはいつまででもやっていたいと思うのは当然ですが，園の集団生活では，片付けの時間が必ずやってきます。片付けの後の活動が今やっている遊びより楽しいかどうかは，片付けようという意思決定の大きな要素ではありますが，集団生活の中で「片付けはしなければならないこと」として理解することも必要になってきます。E男には，プール遊びよりも砂遊びの方が魅力的だったのでしょう。しかし，F男とG男が「プール入る！」と言ったので，一人ではつまらないというような気持ちをもったのかもしれません。保育者が，

34

第2章　人とかかわる力を育む──人間関係

そのまま片付けに入ってしまったら，E男は楽しい気持ちでプール遊びに参加できたでしょうか。

　乳幼児期の子どもたちが道徳性や規範意識を身につける過程では，自分で気づいて自発的に行動するという経験を積み重ねる中で，相手に対する思いやりや決まりを守ろうとする気持ちが育つような保育者のかかわりが欠かせません。

3　協 同 性

【事例2-5】　おふろ屋さんごっこ（2年保育5歳児6月・9月）
　6月中旬
　　雨が降ると，H子・I子・J子・K子・L子・M子の6人が，ホールで大型積み木を組んで「おふろ」に見立てて遊ぶ。「おふろ」を作るという思いは共有しているが，作るたびにそれぞれの子が思い思いに積み木を置いていくので大きさや形が違う。「ここシャワー」「ここから入るのね」などと自分のイメージを言葉に出して伝えながら積木を置き，前回と違っていても誰も気にしない。ある程度，風呂の形ができあがってくると，「おふろに入る」イメージで，シャワーを浴びたり浴槽に浸かったり髪を洗ったりする真似を楽しみ，片付けになると，「また雨が降ったらやろうね」などと言いながら片付ける。
　9月上旬
　　H子・I子・J子・K子・L子・M子の6人が，1学期に遊んでいた，大型積み木で構成していた「おふろ」を作り始めるが，片付けのときにK子が「まだできてないから片付けたくない」と言う。
　　保育者「明日も続きするの？」
　　K子「おふろ屋さんやりたいから」
　　どこを残しておくかを保育者と相談しながら，片付ける。
　　2日目，風呂の大きさが決まり，シャワーを設置したり，洗い場を作ったりし，だいたいの形ができる。今までと同じように自分たちが入るイメージの子と，日帰り温泉のようにお客さんを呼ぶイメージの子に分かれているが「おふろ屋さん」という思いは共有しているので，トラブルはない。風呂が完成する

35

と，日帰り温泉のイメージを持ったＨ子とＫ子が，看板，受付を作り始め，そのことから，「おふろ屋さん」のイメージがみんなに少しずつ共有され始める。

3日目，看板や受付など必要なものを考えて作る子と，6月のときのように風呂に入る子とに分かれて思い思いに遊ぶ。

4日目，ホールに来た4歳児が「おふろに入りたい」と言い，それを聞いたＨ子が「いいよ」と勝手に答えてしまう。このことをきっかけに4歳児が雪崩のように風呂に集まる。お客が来たことで，自分たちが入るのではなく接客する気持ちが高まり，お店屋さんごっこのイメージで遊びが展開していく。しかし，突然来た客とその多さに，何の準備もしていないメンバーが対応していけず，風呂の枠が壊されても，中で騒ぎだしても何も言えず，呆然と見ているだけになってしまう。4歳児が帰ると，荒れ放題になった風呂を見て，Ｊ子が「なんでＨちゃんは○○組さんを勝手に入れたの？」とＨ子に詰め寄り，言い合いが始まる。Ｈ子が一方的に責められた感じになり泣き出してしまう。

保育者「みんなは○○組さんが来たの嫌だったの？」

Ｋ子「嬉しかった」みんなも口々に「嫌じゃない」「嬉しかった」と言う。

保育者「みんな嬉しかったのに，なんでうまくいかなかったのかな？」

Ｈ子「受付作ったのに，勝手におふろに入っちゃった」

Ｉ子「おふろもちゃんと完成してなかった」

Ｋ子「看板のところに入口作って，受付に行ってくださいとか言う人がいればいいんじゃない」

保育者「明日も○○組さんに来てもらえるように，どうしたらいいかみんなで考えようか」夏休みに日帰り温泉に行った経験からＫ子がどんな係があるかを説明し，6人で役割分担する。

4日目，風呂の形を再考して新しく組み立て始め，受付や入口，着替えの場，靴置き場等も設定される。4歳児が「入りたい」と途中で来たが，まだできていないからと断る姿もあった。

5日目，それぞれの持ち場が決まり，お客さんの流れを「あっち，

「この積み木どこに置く？」

> こっち」と言い合いながら準備は進み，お客さんの呼び込みから始まり，おふ
> ろ屋さんが開店した。

　5歳児になると，友だちの意見を聞き，試行錯誤を繰り返しながら，一緒に
協力して達成する喜びを友だちと共有し合うようになったり，遊びの中で互い
に意見を出し合い考え合う過程で，イメージや考え方が伝わり，共有化できる
ようになるとともに，互いの考えや良さを受け止め合えるようになっていきま
す。また，友だちと意見が食い違っても，自分の主張や要求に固執するばかり
でなく，譲歩したり妥協案や条件を出すなどして遊びを続けようとする自制心
が出てきます。そして，みんなでやってみようという目的が生まれ，工夫した
り，協力したり，話し合うことで新しいアイデアを生み出したり，自分の役割
を考えて行動したりするなど，力を合わせて最後までやり遂げようとする協同
性が見られるようになります。
　事例2-5では，6人の女児が梅雨時に遊んでおもしろかったという記憶が
ある「おふろ屋さん」に4歳児が参加したことで遊びの方向が変わり，今まで
何となく共有していたそれぞれの思いがすれ違いぶつかり合います。しかし，
保育者の「みんなは○○組さんが来たの嫌だったの？」「みんな嬉しかったの
に，なんでうまくいかなかったのかな？」という言葉で，誰かを責めるのでは
なく，どうしてうまくいかなかったのか，どうしたらうまくいくのかという方
向で自分たちの考えを伝え合い，約1週間かけて「おふろ屋さん」を開店する
ことができました。
　保育者は，子どもたちの気づきを促し，自分たちで考えて遊びを進める喜び
ややり遂げた達成感を感じられるように，環境を整えたりヒントを出したりす
る役割を担います。

4 地域社会とのつながり

【事例2-6】 こうやって折るんだよ！（2年保育4歳児10月）

　地域の老人会（かしのき会）と月1回の交流会を行っている。4月「初めましての会」（幼稚園企画）1月「お正月遊び」（かしのき会企画）3月「お別れ会」（幼稚園企画）は指導計画を立てて交流するが，それ以外は10:00〜11:00，子どもたちが好きな遊びをしているところに自由に参加していただき，触れ合うようにお願いしている。

　絵本の部屋で，新聞紙を使って紙飛行機を作っているＮ子とＯ子のところにＰ子さんが入って来て，二人に「何作っているの？」と声をかける。

　Ｎ子「紙ひこうき」
　Ｏ子「Ｐちゃん一緒に作る？」
　Ｐ子さん「おばあちゃん，紙ひこうき作ったことないけど……」
　Ｎ子「簡単だよ。先生に教えてもらった」
　Ｏ子「シューって飛ぶのとフワって飛ぶのとどっちがいい？」
　Ｐ子さん「シューって飛ぶのがいいなー」
　Ｎ子「じゃあ，半分に折って……」と言って手を添えて折り方を教えようとする。
　Ｏ子「できたら外で飛ばしっこしようね」
　Ｎ子「ちゃんとアイロンかけないと，飛ばないよ」と言って，しっかり折り目をつけるよう，Ｐ子さんに伝える。
　Ｐ子さん「しっかりアイロンかけて……」と言いながら飛行機を折る。

「ここを折るんだよ」

　敬老の日に因んで在園児の祖父母を招待したり地域の老人会と交流会をしたりする園は多いでしょう。しかし，イベント的なかかわりでは日常の姿で触れ

合うことは難しくなってしまいます。だからといっていつでも自由に地域の方が出入りするというのも落ち着いた活動をするには不自由を感じるものです。この園では毎月一回，地域の老人会の方々が時間を決めて自由に出入りするという方法で地域との交流を図っています。開始当時は，老人会の方が来てくださったものの，子どもたちとどうかかわってよいかわからずに園内をぐるっと一周して帰ってしまうというおじいちゃんもいて，それぞれにとって互恵性のある交流のあり方を模索してきました。この事例は交流を始めて３年目，Ｐ子さんは開始当初からの参加者です。

　二学期になってＮ子とＯ子は一緒に遊ぶことが多くなってきました。運動会も近づいていることから，保育者たちは園庭で子どもたちと一緒に遊ぶことが多いので，室内で遊ぶ子は少数です。Ｎ子もＯ子も，クラスの中では保育者の話をしっかり聞いて動くことはできますが，自分から積極的に発言することはありませんでした。保育者は運動会を意識して，外で遊ぶ環境に力を入れているので，Ｎ子もＯ子も外で遊んだほうがいいのだろうと感じているようでした。Ｐ子さんに声をかけられて，ちょっと疎外感を感じていたはずのＮ子とＯ子は，とてもうれしかったことでしょう。自分たちの折っている飛行機の折り方を積極的に教えようとし，「大人に教えてあげる」という，いつもとは反対の立場に，高揚する気持ちを感じている様子がうかがえます。一方Ｐ子さんも，孫のような年齢の子どもたちとの交流で「こんなに小さいのに教え方が上手だね。すごいね。若さをもらいましたよ」と感想を残されました。この関係は，園を離れた地域でも続いていて，近くのスーパーで見かけたときに「あっ，○○ちゃんだ」と言って子どもから声をかけるので，保護者と地域のお年寄りの関係も生まれていると，保護者の方からの報告もあります。

　親や保育者とは違う立場で接してくれる大人との触れ合いは，乳幼児にとっては相手を思いやる心地よさや喜びを感じ，またお年寄りにとっては自分が必要とされていることを実感する機会になります。そして，その関係が地域ぐるみで行う子育てにつながることを期待しています。

第Ⅰ部　乳幼児の発達を促す

❖第2章「人間関係」のまとめ──様々な人間関係の中で

　ここでは，人間関係に焦点をあてた事例をふまえ，「幼児期の終わりまでに
育ってほしい姿」のうち，「協同性」「道徳性・規範意識の芽生え」「社会生活
との関わり」の三つについて見てみることにします。

◆協同性
　友達と関わる中で，互いの思いや考えなどを共有し，共通の目的の実現に向け
て，考えたり，工夫したり，協力したりし，充実感をもってやり遂げるように
なる。

　子どもたちは，家庭という限られた人間関係の外に出て，保育所，幼稚園で
様々な人々に出会いながら園生活を送っています。保育者の仲立ちに支えられ，
一人遊びだけでなく，数人で遊んだりクラス全員で曲に合わせてダンスを踊っ
たりすることも楽しめるようになります。

　5歳児になると，不特定多数の子が参加する鬼ごっこや，きまりに従って行
動することの多い当番活動であれば誰とでも取り組む姿が多く見られます。さ
らに，好きな遊びやクラスでの活動の中で，仲間と遊びのイメージを話し合い，
どうしたらもっとよくなるか工夫し協力しながら創造的に遊びを発展させる力
もついてくるのです（【事例2-5】参照）。

◆道徳性・規範意識の芽生え
　友達と様々な体験を重ねる中で，してよいことや悪いことが分かり，自分の行
動を振り返ったり，友達の気持ちに共感したりし，相手の立場に立って行動す
るようになる。また，きまりを守る必要性が分かり，自分の気持ちを調整し，
友達と折り合いを付けながら，きまりをつくったり，守ったりするようになる。

　【事例2-3】のH男は，保育者から受け取ったテントウムシを独り占めして
しまいます。3歳のこの時期にはよくあることですが，保育者の言葉がけから，
周りの友だちの気持ちにも目が向き，自分の気持ちをコントロールすることで
友だちとの関係性が円滑に進む心地よさにも気づきはじめていることでしょう。

第2章　人とかかわる力を育む──人間関係

友だちの気持ちに共感する心，相手の立場に立って行動する態度は，友だちと
遊ぶ楽しさやけんかした悲しさ・悔しさをたっぷり味わってこそ身につきます。

　きまりは保育者が教え込むものではありません。幼い子どもたち一人ひとり
には，自分なりのものの見方・考え方があり，自分独自のルールがあります。そ
れでも，友だちとのかかわりの中で，自分の考えや思いを主張し，ぶつけ合う経
験を通し，折り合いをつけたり自分の考えを修正したりすることの必要性に気
づいていきます。そして「みんながなかよく，気持ちよく過ごすにはどうしたら
よいか」という，自分だけではない，みんなの共通ルールが築かれていくのです。

◆社会生活との関わり
家族を大切にしようとする気持ちをもつとともに，地域の身近な人と触れ合う
中で，人との様々な関わり方に気付き，相手の気持ちを考えて関わり，自分が
役に立つ喜びを感じ，地域に親しみをもつようになる。また，園内外の様々な
環境に関わる中で，遊びや生活に必要な情報を取り入れ，情報に基づき判断し
たり，情報を伝え合ったり，活用したりするなど，情報を役立てながら活動す
るようになるとともに，公共の施設を大切に利用するなどして，社会とのつな
がりなどを意識するようになる。

　現代の子どもたちは，少子化，核家族化や地域社会とのかかわりの希薄化と
いった背景をもち，人間関係が限定されている傾向にあります。それだけに，
園内での異年齢同士のかかわりは貴重な経験となっています。年少児は年長児
に憧れをもち，身近な遊びのモデルにします。一方，年長児には年少児を思い
やり，相手の立場を考えて行動する姿が多く見られます。園内で多様な関係性
を積み上げつつ，近隣の幼稚園・保育所，および小学校・中学校との交流，地
域の高齢者との交流等，園外へと人間関係を広げる保育展開が求められます。

　【事例2-6】にあるような普段触れ合うことの少ない高齢者とのかかわりに，
はじめは互いに戸惑うこともあります。それでも，継続的に交流を続けること
で，高齢者の優しさに触れて心を開いたり，高齢者のもつ遊びの知識や生活の
知恵に触れて新しい発見をしたりすることでしょう。　　　　　　（井口眞美）

第Ⅰ部　乳幼児の発達を促す

コラム3　子どもの体の成長

深見真紀

　ヒトの体は，胎児期から思春期が終わるまで成長し続けます。満期産児（予定日ごろに生まれた赤ちゃん）は，生命を維持するために必要な器官の機能をすべて備えています。また，目や耳の感覚器官もほぼ完成しているので，光や音を感じることができます。しかし，赤ちゃんの個々の器官の大きさは大人に比べると小さく，機能も未熟です。その後何年もかけて大人の体に近づいていきます。出生後の最初の数年間には，とくに劇的な変化が生じます。

　体の一つひとつの器官は，同じようなパターンで成長・成熟するわけではありません。第一に，肺や心臓などの大部分の器官は，3段階の成長を示します。すなわち，出生後の1-3年間において急速に成長し，その後の幼児期から小児期は比較的ゆっくりとした成長を示し，思春期前から再び急速に成長して大人型となります。身長もこのようなパターンで増加します。出生時約50 cmだった身長は，最初の数年間に数十cm増加しますが，小児期には1年間に4-5 cm程度の穏やかな増加にとどまります。思春期前から成長スパートを示し，成人期には，多くの場合，出生時の3倍以上のサイズになります。第二に，脳や脊髄などの神経系器官は，他の器官より速いスピードで発育します。出生後の数年間で著明なサイズの拡大を示し，5-6歳ごろにはすでに成人の80-90％程度の大きさになっていることが普通です。しかし認知機能や社会性などの脳の機能的成熟は，サイズの急な増加が終了した後も時間をかけて進行します。第三に，精巣や卵巣は，小児期にはほとんど成長せず，思春期になってはじめて成熟して性ホルモンを産生するようになります。この性ホルモンの作用によって，子宮や乳房，陰毛などの性的成熟が誘導されます。性ホルモンは，筋肉や骨を含む様々な器官にも性差をもたらします。なお，男児では，胎児期にも一過性に精巣から男性ホルモンが放出されます。胎児期の男性ホルモンは，男性型の陰茎や陰嚢を作るために重要です。また，脳の男性化にも寄与します。第四に，扁桃やリンパ節などは他の器官とは異なる成長パターンを示します。これらの器官は，小児期にいちじるしくサイズが増加し，学童期には一時的に成人期のサイズよりも大きくなります。その後思春期ごろから縮小が認められます。

　このような体の成長には，ホルモンが重要な役割を果たします。たとえば，乳幼児期から小児期の身長増加には，脳から分泌される成長ホルモンと首にある甲

コラム3　子どもの体の成長

状腺から分泌される甲状腺ホルモンが必須です。この甲状腺ホルモンは，乳児期の脳の発育にもきわめて重要です。思春期の身長増加には，成長ホルモンと甲状腺ホルモンのほかに，脳から分泌される性腺刺激ホルモン（ゴナドトロピン）や性腺から分泌される性ホルモンが大きく関与します。なお強いストレスや睡眠異常，愛情遮断症候群などは，脳からのホルモンの分泌異常を招き，成長障害の原因となることがあります。また，食事の量や内容も成長ホルモンの作用に影響を及ぼすことがあります。とくにタンパク質の摂取不足は成長ホルモンの効果に悪影響を及ぼすと考えられます。先進国では，最終身長（成人期の身長）の70-80％は遺伝的要素で決まり，残りの2割程度が環境要因で決定されると推測されています。また，通常の場合，子どもの身長は父親と母親の両方から同じ程度の遺伝的影響を受けると考えられます。出生時の身長や体重には，ほとんど男女差がありません。その後，乳児期から小児期にも男女はほぼ同じような成長パターンを示します。その後，女児のほうが数年早く思春期に入るため，10歳ころには女児のほうが高い平均身長を示します。しかし，思春期には男児のほうが大きな身長スパートを示すため，最終身長は男性のほうが13cm程度高くなります。

　家庭や保育の現場で成長を定期的にチェックすることは，医学的問題や心理・社会的問題を有する子どもを見つけるために役立つ場合があります。現在，大勢の子どもたちのデータをもとに，日本人の標準的成長曲線（身長・体重増加曲線）が作成されています。この表は，医療機関で入手したり，日本小児内分泌学会のホームページ（http://jspe.umin.jp/public/teisinchou.html）などからダウンロードすることができます。一人ひとりのお子さんの身長のデータをこの曲線上に書くことによって，そのお子さんが標準的な成長をしているのかどうか判定が可能です。この曲線から外れた成長を示すお子さんが必ずしもみな医学的な問題をもっているわけではありませんが，標準から大きく外れた成長パターンを示すお子さんは，何らかの疾患が隠れている可能性があります。そのためかかりつけの先生に相談することが望ましいです。成長障害に気づくことによって，環境や心理面の問題がはじめて明らかになる場合もあります。

　毎日すこしずつ成長していくことは，子どもの最大の特徴です。どんなに重篤な先天疾患をもった子どもでも成長していきます。成長や成熟のペースには個人差があり，皆がそろった成長パターンを示すわけではありません。一方，一人ひとりの成長パターンを注意深く見守ることは，サポートを必要とする子どもを見つけるための手だての一つとなります。

第 3 章
身近な物事にかかわる意欲を育む
——環　境

小 谷 宜 路

第Ⅰ部　乳幼児の発達を促す

　人は，周囲の自然，物，事柄などとかかわりながら生きていきます。とくに乳幼児期の子どもたちは，遊びを通して，自分を取り巻くそれらの世界とつながりをもっていきます。保育においては，子ども自らが，物事にかかわり，自分なりに考えていく過程を大切にします。新しい知識を獲得するためには，大人が一方的に，物事を教え込んだほうが効率的かもしれません。しかし，自分の力で周囲の世界にかかわりたいと思い，実際にかかわる中で疑問をもち，考えを巡らせ，ときには自分とは異なる友だちの考えにふれ，さらに自分を取り巻く世界に関心を広げていくといったプロセスを経たとき，その知識は，はじめて子どもにとって意味のあることとして身に付くのだと思います。保育者の役割は，子どもの自分で考えてみたいという意欲を育てること，また，互いの考えにふれて影響し合えるような友だち関係を築くことにあるでしょう。そして，乳幼児期に培われた物事とかかわる意欲や考える力が，小学校以降の教育の基盤となることは言うまでもありません。

1　自然とのかかわり・生命の尊重

【事例3-1】　クワガタのお墓（2年保育・3年保育混合5歳児7月）
　数週前に捕まえ，飼育していたクワガタが死んでしまった。家庭から餌を持ってきて楽しみに見ていたＡ男らは，すぐに「お墓作ろう」と決め，園庭の端に行き場所を探し始める。
　桜の木の根本にいき「ここがいいよね」と決めている。スコップで穴を掘り，「お花飾ってあげましょうよ」と，シロツメクサなどを摘んで穴の縁に飾る。花壇の花は普段摘まないが，「先生，花壇の花一つとってもいい？」と摘み，一緒に飾っていく。最後に，「お布団にしてあげよう」とネコジャラシをクワガタの上下に敷いている。

【事例3-2】　バッタとのかかわりの中で（2年保育・3年保育混合5歳児9月）
　園庭の草むらでバッタを捕まえ，虫籠に草と一緒に入れている子どもたち。Ｂ男は，走り回っている友だちに「そんなにばたばたしたら見えないよ」と指

第3章　身近な物事にかかわる意欲を育む──環境

摘する。

　降園時に保育者が「このバッタ，このままにしておく？」と尋ねてみた。

　子どもは「飼いたい」「でも，すぐ死んじゃうよ」「小さいから逃がした方がいい」「逃がして明日またとればいいじゃん」と，それぞれの思いを口にする。結局，園庭へ逃がしに行くことになる。

　数日後，同じ子どもたちが，カマキリを捕まえ，喜んで飼育箱に入れ，さらに「エサが必要だよ」とバッタを中に一緒に入れている。

　C男「バッタ頭だけ食べたよ」と驚いた様子。

　D男「カマキリはバッタとか食べるんだから」

　さらに数日後，ヒマワリの葉の上で，バッタが脱皮しているところをE子らが見つける。本当に不思議そうな様子でしばらくじっと見ている。

　E子「きっとこれでまた少し大きくなるんじゃない」

　F子「カマキリとかに食べられないといいけど」

　園庭の一部は雑草を残し，虫などが生息しやすい状況を整えています。そこでは，アリ，ダンゴムシ，テントウムシ，チョウ，カタツムリ，アメンボ，カマキリ，バッタ，カナヘビ，ヤゴ，トンボ等，年間を通じて小さな生き物が見られます。子どもたちは年齢が上がるにつれ，偶然の発見を喜ぶだけでなく，生息している場所や好む食べ物を知り，探して捕まえたり飼育したりすることへ興味が移っていきます。飼育していたクワガタの墓を作ったり，捕まえたバッタをまた草むらに帰したりする姿には，身近な虫に対する愛情が感じられます。一方で，カマキリを飼育しているときに抵抗なくバッタを餌とすることと，バッタの脱皮を発見したときにカマキリに食べられるのを心配することが同時期に見られました。これは，状況によって，カマキリ，バッタどちらに気持ちを重ねているかによって表れる違いでしょう。この時期の生き物とのかかわり方は，生き物への愛着や愛情といった感情によるかかわりと，生態への興味といった科学的な見方でのかかわり，その両者が絡み合っているようです。

47

第Ⅰ部　乳幼児の発達を促す

【事例3-3】　畑の草取り（2年保育・3年保育混合5歳児6月）
　園庭の一角に作った畑に，夏野菜とサツマイモの苗を植え，みんなで世話を
してきた。夏が近づき，周辺で草が伸びてきたので，6月末に草取りをしよう
と保育者から投げかけた。
　草をとりながらG男が「でも，この草も生きてるんだよね」と呟く。草取り
を終えた後，保育者は，クラス全員にG男の言葉を伝えてみた。
　保育者「G男くんが言っていたんだけど，どう思うかな」
　H男「でも草取らないと，おいもが育たなくなっちゃうし」
　I男「取った草は枯れちゃう」
　保育者「草が取れなくて，野菜とか育たなくなったら人間はどうなる？」
　J子「食べるものがなくなって」
　K子「死んじゃう」
　保育者「でも，草も取ったら，草は枯れて死んじゃうんだよね」
　L子「難しいよ」

　保育の中では，継続した栽培活動を行うことがあります。収穫を楽しみにす
るだけではなく，毎日の水やりや定期的な草取りの場面も植物への関心を高め
る大切な機会と捉えています。栽培の目的として，開花や収穫の喜びはもちろ
んですが，植物の成長のサイクルに気づいていくことが重要な点です。とくに
G男の言葉にあるように，人間も自然の中で生かされている存在であることを
実感することは，栽培の大きな意義でしょう。植物が成長していくそれぞれの
段階において，幼児は様々な発見をしていますが，個々の差もあります。保育
者が気づきを促すよう問いかけたり，一人の発見を他児に知らせたりしながら，
意識化できるように保育をすすめたいと考えます。

　ここまで，5歳児の事例を紹介しました。幼児の自然とのかかわりには，二
つの側面があります。一つは，自然の美しさへの感動や，動植物への愛着・愛
情などであり，一つは，生き物の生態や成長への気づき・驚き・探求心などで
す。いずれのかかわり方も，5歳児になってから見られるものではなく，それ
以前からあることは言うまでもありません。乳児期から自然とかかわり，その

感動や驚きを言葉などで表現することを，保育の中で積み重ねています。そのことを通じて，自分の中に生まれた感動や驚きが確かなものとなり，新たな自然へのかかわりへと繋がっていくのです。

2 思考力の芽生え

【事例3-4】 ビニール袋の凧揚げ（3歳児1月）

凧揚げは，正月に家庭で経験している子どももおり，かつ寒い中，戸外へ出るきっかけとしてもよいと考え，ビニール袋にひもを付けた「凧」を作れるように準備した。さっそく興味をもった子どもと朝から作り始めると，自分も欲しいと次々に子どもたちが集まってくる。

クラスで歌っている『たこの歌』を「くーもーまで　あーがれ　てーんまであーがれ」と，口ずさんで，にこにことしている子やできたものを喜んで手にして，園庭を走っていく子がいる。

M子が凧を持って走ると，N男，O男はそれを追いかけるように，ぐるぐると園庭を走っていく。

途中で，糸が絡まった子や，接着部分がはがれた子が，テラスに帰ってくるので，それに保育者は応じた。凧作りが一段落したところで，保育者も自分の分を作り，園庭に出て一緒に走ることにした。

P子が走っていると，後ろからQ男が「Pちゃんの揚がった，すごい，すごい」と声をかける。P子は，走りながら凧のほうを振り向いて，嬉しそうにする。その後も，Q男はP子の凧揚げを見ては，「揚がった，揚がった」「あー，もっと，もっと」などと声をかけ

築山での凧揚げ

ている。しばらくしてQ男と保育者のところにきたP子は「先生，私の揚がっ
てたでしょ！」と声を弾ませる。
　保育者「うん，見てたよ。とくに最後のときは，よく浮かんでたよ」
　Q男「もういっかい，もういっかい」と，P子と一緒に走り出す。
　R子たち四人は築山の上に登り，そこで凧をなびかせようとしている。しば
らくそのまま立ち，ときどき風が吹いてきて凧が浮くと喜んでいたが，風が止
むと凧がまったく動かなくなり，「あれ？」といった表情になっている。保育
者が「どう？」と声をかけると，築山をおりて，平らな地面をまた走り始める。

　凧を紹介した後は，いつもより園庭を広範囲に走る姿がありました。これま
での体験から，「軽いものは，風を受けて空に揚がること」，「走ると風が起こ
ること」などに気づいている様子でした。凧の揚がり方よりも，まず走ること
自体が面白いようだったので，保育者は，嬉しそうな子どもの姿を見ながら，
凧作りや修理を優先させた後，一員となってその楽しさを共有していきました。
　一人で走る子はほとんどおらず，N男，O男のように友だちと数人で走りた
いという気持ちが強く感じられました。また，友だちのQ男が応援したり教え
たりしてくれる姿に対し，好意をきちんと返そうとするP子の姿もありました。
子ども同士だけでも，十分にやりとりが成立していましたが，そこに保育者も
加わることで，より互いのつながりを感じる機会にしたいと考えて，かかわり
を支えた場面です。
　R子らのように，高い所に登れば，より揚がるのではないかという子どもな
りの発想も見られました。保育者は，実際にやってみる中で気づくことを大切
にしたいと考え，そばで見守ることにしました。途中で，予想通りにならな
かったことに気づいている表情と思われたタイミングで「どう？」と声をかけ
ると，その一声がきっかけとなり，次の遊び方に移っていきました。
　事例全体からは，走る心地よさに加えて，風で凧が揚がる感覚が面白い様子
であり，それが繰り返し試す遊びへとつながっていることがわかります。乳児
期の子どもたちは，自分の身体を通して様々なことを感じ取り，気づき，考え
ていきます。実際に具体的な事象にかかわる，「身体」を通した体験を十分に

第3章　身近な物事にかかわる意欲を育む――環境

保障することが，思考力の芽生えを育む保育の基本です。

【事例3-5】　遠足の体験を基にしたごっこ遊び（2年保育・3年保育混合5歳児10～11月）

動物園の再現（10月上旬）

　切符を各自購入して電車に乗り，上野動物園まで行くという遠足を体験した。遠足の翌日，S男が廃材を組み合わせて自動改札を作る。傾斜があり，切符の紙を入れると，滑り落ちる。T男と一緒になり，段ボール箱を加工し，券売機も作る。簡易の黒板には『うえのどうぶつえんへはこちら』と書く。

　S男，T男の「動物園ごっこしよう」という提案を受け，課題画として描いた動物の絵を種類毎にパネルに貼り，立てかけて使えるようにした。

　S男「最初はパンダ」「次は象で，次，猿」と動物園で見た順に絵を遊戯室内に並べていく。さらに順に動物を並べ『は虫類館』『小獣館』は，箱積木を組んで建物らしくし，その中に館内で見た動物の絵を並べる。次第に，他の子どもも集まってくる。

　U男「小獣館は暗くして電気つけないと。あっ，そうだ」と室内にあるOHPを使い絵に光を当てる。

　遊戯室の入り口を動物園の入り口にして，V男，W男が，4歳児用，5歳児用，先生用とペンの色を変えて券を作っている。券には名前を聞き，書いている。X子が出口の所に立ち，一周してきた幼児の券を回収している。それを見たY男はX子に「それ，入り口でまた売って！」X子「いいよ」

　Z子たち三人は客として一周した後「フラミンゴがいない」など動物園には

OHPでの光の活用

モノレールの再現

51

第Ⅰ部　乳幼児の発達を促す

いたが，誰も描いていない動物の絵を保育室で描き足す。結局，学級の全員が動物園の人の役，客の役など何らかの形で参加した。翌日は，登園後すぐから遊びが継続して行われた。

　T男「イソップ橋（園内の東園・西園を繋いでいた橋）がここにあるんだ」と2本の平均台を運び，橋にする。しばらく上を歩いていたが，大きめの段ボール箱をモノレールに見立て始める。a男，b男，c男は繰り返し人を乗せ，平均台の端から段ボール箱を引きずりながら運ぶ。

　a男「みんなが乗れるようにやってるんだ」と，段ボール箱をガムテープで補修しながら使う。d男は4歳児を誘い「こちらへどうぞ」と列に誘導していく。

モノレールから電車ごっこへ（10月中旬～下旬）

　W男，Y男，a男，b男が，木材で線路を作り，その上で段ボール箱を動かすことを楽しんでいたので，新たにキャスターの付いた台車を園庭に紹介した。駅も作ろうとY男，a男，b男が台を運び，線路の両端に置く。

　e子ら六人が客となり，押してもらうことを喜んでいる。

　S男，V男は台車の上に乗ったとき，線路との間でガタゴトと音がすることに気づき「ほんとの電車みたいだ！」と驚く。

　e子は，台車が途中で線路から逸れると向きを直している。

　f男は，警音に似ているアゴゴベルを打ち鳴らしながら，手を上下に動かし「踏切です」と動きをいったん止めて喜んでいる。

　その後も，電車ごっこのために，毎日少しずつ線路を作り足している。g男が木材を押さえ，h男とi男が交替しながら鋸で切る。その木くずをj子が拾い集めるという流れができている。h男は最初の切り込みの入れ方に手間取っていたが，次第にスムースにできるようになる。またg男は，押さえる力の加

台車を使った電車ごっこ

木材での線路作り

第3章　身近な物事にかかわる意欲を育む――環境

減を調節している様子がある。

　切った木材は，隣にいるｋ男ら四人が釘で土台の木材に打ち付けていく。ほとんど打ち間違えることなく，次々に打つ。途中で曲がったと感じると，すぐに釘抜きで抜いたり，釘を横から叩いて角度を調節したりしている。

電車ごっこの展開（11月中旬～下旬）

　園庭で，遊びが毎日継続している。台車には埼京線，京浜東北線など色を塗った段ボール箱をつけ，より電車らしくしている。トンネルを作ろうと，可動式の太鼓橋などを組み合わせて置き，電車が通れるようにする。

　園庭にある木製の小屋が『浦和駅』となり，これまで自由に乗り降りしていたが，乗るときには切符を持とうと決まる。ｆ男は「切符の値段書いておかなくちゃいけないね」と小屋の横の壁にチョークで書き始める。

　『うえの　200えん』『おおみや　150えん』

　切符を作ることにしたＺ子はその字を紙に書き留めて，切符の紙に書き写す。お客役の幼児が「東京まで」「仙台に行きたいんですけど」と言うと，「1000円になります」などと値段を決める。新しい地名が出てくるたびに，壁に行き先の名前と値段の数字が書き足されている。

　また，電車の乗降場の隣では，Ｙ男たちがその一角を売店として見立てている。紙に『おべんとう　1000』『うめおべんとう　500』など品物と値段を書いて貼り，「駅弁ありますよ」と，待っている人に呼びかけている。

　遠足での体験を基に，約2か月にわたり展開した遊びの記録です。二人が始めた遊びでしたが，クラスで共通に体験した遠足のイメージがあることで，具体的に再現しようとしたり，様々な発想を加えたりしながら，遊びが長期間続きました。それぞれの場面で，こんなものを作ってみたい，そのためにはどんな方法があるだろうかと試行錯誤しながら取り組む過程があります。その過程の中では，仕組みに対する感覚（自動改札やモノレールの動き，光の活用），性質に対する感覚（木材の性質），文字や標識に対する感覚（券売機の料金表，切符，売店のメニュー）などが育まれていることがわかります。

　また，この事例では，遊び場や遊び方を友だちと共有していく中で，遊びの目的が刻々と変わっていきながらも，それをまた共有していくという過程を見

第Ⅰ部 乳幼児の発達を促す

取ることもできます。友だちと一緒に考える，友だちの考えを知る，友だちに
自分の考えを伝える，友だちのために考えるなど，子ども同士の関係が一人ひ
とりの思考力の芽生えに必要であることを意識した保育が大切です。

3 数量・図形・文字への関心・感覚

【事例3-6】 おっきいの　ちょうだい（3歳児5月）
　砂場の周辺でままごとをしていたⅠ子が「先生，お団子」と，砂を固めたも
のを保育者に見せる。
　保育者「このお皿にのせようか」とコブシの葉を一枚木から採り，渡す。
　Ⅰ子は，作ったものを葉の上にのせている。
　m子も欲しいと言うので，一枚採って渡すと，嬉しそうに使う。
　五人ほどの子どもも欲しいと言うので，その都度渡していく。
　しばらくしてm子が「おっきいの　ちょうだい」と来る。
　保育者「さっきあげたのは？」
　m子「おっきいの，nちゃんくらいの」とn子が使っている葉を指差す。

【事例3-7】『十匹のこやぎ』ごっこ（2年保育・3年保育混合4歳児9月）
　o子「先生，オオカミやって。『おおかみと七匹のこやぎ』ごっこするの」
保育者がオオカミのお面をかぶり，ジャングルジムにござをかけて家に見立て，
子どもがのぼってやりとりしながら遊ぶと，次々に集まってくる。
　o子「『七匹のこやぎ』ごっこなの。だから七人じゃなきゃダメなの」
　p子，q子「いれて」
　o子「じゃあ，二人で数えて」
　p子，q子「1，2，3……」と，自分たちも含めてジャングルジムにいる
子どもを数えていく。「……8，9，10」
　o子「じゃあ，十人でいいよ。『十匹のこやぎ』ってことにしよう」

　【事例3-6】は，幼稚園入園後ひと月ほど経ったときの事例です。m子は，
最初保育者からもらった時点では，葉の大きさに意識はなく自分の物ができた

第3章　身近な物事にかかわる意欲を育む――環境

ことに満足している様子でした。しかし，その後の「おっきいの，nちゃんくらいの」という言葉からわかるように，自分の物と友だちの物の大きさを見比べています。このような姿の背景には，入園後少しずつ他児の様子に関心を向けていく実態があります。

　【事例3‐7】は，以前に保育者がオオカミになり，幼児がうさぎになって追いかけ鬼をしたことと，知っているお話（『おおかみと七ひきのこやぎ』）のイメージとを重ねて始まった遊びです。o子は「7」の数にこだわり，途中から入ってくる子も含めて七人で遊ぼうと考えたようで，数えてちょうど七人に限定しようとしていました。ただ，大勢のいろいろな友だちと一緒に遊ぶことへの興味も強まっていた時期でもあり，「十匹のこやぎ」とイメージや設定を変えることで，それを解決しています。

　数量・図形への関心や感覚を育むためには，日常生活の中での「必要感」を大切にすることが基本となります。ワークブックのような方法で，数量・図形にふれる方法もあるでしょう。しかし，あくまでも日々の生活と遊離しない形で数量・図形の必要感や便利さに気づく場面は，保育の中で数多くあります。いかに，そのような場面を意識して捉えることができるか，保育者の力量が問われるところです。

【事例3‐8】　友だちへのお知らせ（2年保育・3年保育混合5歳児4月）
　r男とs男が大型の積木で，トンネル状のものを作り，その入口に書いたもの（図3‐1）を貼っている。翌日はt男も加わり，同じ場所でごっこ遊びを続ける。しばらくすると，書いたもの（図3‐2）を，保育室の入口部分に貼っている。

【事例3‐9】　花火大会のチケット（3歳児9月）
　いろいろな大判の布を用意しておくと，その布を頭や体に巻きつけ，浴衣を着ている気持ちで遊び始める。花火の柄のついた手ぬぐいを壁や園庭の木に吊り下げると，「花火大会にいきましょう」と列になって歩き始める。
　その後，夜店をイメージしてごっこ遊びが始まる。u子は，紙に等間隔に花

55

第Ⅰ部　乳幼児の発達を促す

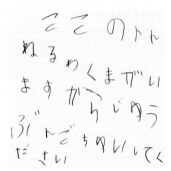

ここのとんねるわ　くまがいますから
じゅうぶん　ごちゅういしてください

図3-1　友だちへのお知らせ①

うるとらまんのえいがお　みるひとわ
ゆうぎしつにきてね

図3-2　友だちへのお知らせ②

火を模した形を四つ描いたもの（図3-3）を，保育者のところに持っていく。「先生，これ，花火大会のチケット！」
　u子はたくさん同じものを作り，友だちにも配っている。

図3-3　花火大会のチケット

　子どもは，家庭や地域の様々な場で，新聞，広告，看板など，標識や文字を目にしています。園生活でも，絵本や物語にふれたり，靴箱などの自分や友だちの名前を読んだりと，標識や文字に接する機会があります。
　【事例3-8】では，実際に熊がいるわけでも，映画館があるわけでもありませんが，r男たちはお互いにそのイメージを共有し，イメージの中の状況設定を他の友だちにも伝えようとしています。「広く多くの人に必要な情報を視覚的に伝える」という，広告や看板などの働きをわかって，遊びに取り入れる姿です。
　文字などを使う姿は子どもの年齢が上がるにつれ増え，どのように保育の中で扱うか，保育者の意識も向きやすいところです。しかし，【事例3-9】の3歳児のように，文字という形でなくても他者とのかかわりの手段として，表現

第3章　身近な物事にかかわる意欲を育む——環境

することはもっと早い時期からあります。u子の作ったチケットは，文字ではありませんが，あたかも『はなびたいかい』と読めるような記号で書き表しているように見えます。【事例3-8】と【事例3-9】は，書き表されたものは異なりますが，自分たちの考えた楽しい遊びに大勢の人に来てもらいたいという気持ちは同じです。文字が読める，書けるという視点で子どもをとらえるのではなく，標識や文字の役割に気づき，書くことで何を伝えようとしているかという子どもの思いをとらえることが重要です。

4　小学校との接続

【事例3-10】　いろいろな材料で恐竜を作る（2年保育・3年保育混合5歳児
　　　　　　　10月）

　保育室には，紙類，木材など様々な材料を自由に使えるようにしてある。また，空き箱や空き容器などのいわゆる廃材も子どもが形，大きさなどに着目して選びやすいよう，いくつかの種類に分けて置いておいた。

　v男とw男が恐竜を作ろうと適当な大きさの空き箱を探している。

　v男「足にするから四ついるんだけどな」

　w男「v男くん，これなんかどう？」

　v男「お，ありがとう。いいね，これ」

　机に箱を持ってきて，胴体となる箱に足，首となる部分を付けていく。途中うまくいかないと「これじゃ，だめだ」と，また違う箱を探している。

　v男「ここが口，動くんだ」と空き箱を組み合わせて，口が開閉する形を作っていく。空き箱の形を活かしつつ，切り込みを入れたり，細かな歯や角などの部分を付け足したりしながら，それぞれ完成させる。

　後日，「今日は木で作ろう」と木片を，いくつか集めて，ボンドで接着させたり釘で打ったりしながら作る姿，折り紙の本の中から折り方を見つけて折る姿もあった。空き箱，木片，折り紙で作った恐竜を飾っておきたいと保育者に言ってきたので，保育室の一角にスペースを作り，並べることにした。

　v男「これ，博物館みたいだね。恐竜博物館！」

57

第Ⅰ部　乳幼児の発達を促す

　こうして2週間ほど、二人の恐竜博物館の活動が続いた。

【事例3-11】　コップの注ぎ分け（2年保育・3年保育混合5歳児2月）
　月一回の園全体の行事の日、通常のおやつとは異なる特別なおやつに合わせて、一グループ（五人）に一つ麦茶を入れたやかんを用意した。毎日の昼食時にも、当番が白湯をやかんから注いでおり、扱いには慣れている。これまで行事の日には、全員揃いのカップを使ってきた。揃いのカップの場合、均等に注ぎ分けることが容易だが、この日はあえて、個人持ちの形の違うコップを使うことにして、均等に注げるか、保育者から投げかけてみた。
　ｘ子たちのグループは、一人欠席のため四人だった。
　ｘ子「はい、コップ集めて」みんなが机の中央に集める。
　ｙ子は一つ目のコップに「1, 2, 3」と数えながら麦茶を注ぐ。
　「はい、次、1, 2, 3」と一つずつ同じように数えながら注いでいく。
　一通り注ぎ終わるが、まだやかんに残っている。
　ｚ子「じゃあ、二ずつね」
　ｙ子「1, 2」と数えながらまた注いでいき、周りの子も一緒に数えながら、じっとやかんの先を見ている。ふたを開け、やかんが空になったことを確認すると、みんなで「できた」「うん」と確かめ合っている。

　そばにいる保育者にも聞こえるように、ｙ子は「できたよ」と言いながら、やかんを戻す。その声を受けて、保育者が「よかったね。どれどれ？」とグループの近くにいくと、一度、自分の手元に返っていたそれぞれのコップを子どもたちがテーブルの中央に集め、見せてくれる。

みんなで確かめながら

58

第3章　身近な物事にかかわる意欲を育む——環境

　乳幼児期の保育は，小学校以降の生活や学習の基盤の育成につながる重要なものです。たとえば，「数量・図形」への関心，感覚を育むという内容は，教育要領，保育指針，教育・保育要領だけでなく，小学校学習指導要領の低学年の内容にも示されています。しかし保育では，算数科の授業のような小学校での教育方法を前倒しすることはふさわしくありません。あくまでも，乳幼児期の育ちに沿った方法が求められます。それは，一言でいえば，「環境を通した教育」「遊びを通した総合的な教育」ということです。

　【事例3-10】は二人の子どもが作る遊びに取り組む場面，【事例3-11】はクラス全体の食事でグループごとに配膳する場面です。一見するとまったく別の場面ですが，「数量・図形」への関心，感覚を育む場面としてとらえるとき，二つの場面が共通したものとして位置づくでしょう。

　【事例3-10】では，様々な材料を組み合わせることで，恐竜の形を作っています。自分のイメージにある形を実現するという目的がはっきりとあり，それを達成するためには材料の形を十分に意識する必要が出てきます。作りたいものを具体的にとらえていく中で，形への関心も強まっていきます。この姿の背景には，作ってみたいという気持ちが湧き立つような環境を，保育者が意識して整えていることがあります。

　保育の中では，環境を整え，子どもがその環境にかかわる姿を丁寧に見とっていくことに加え，【事例3-11】のように，保育者から意図をもった活動を組み入れ，投げかけていくこともあります。事例の活動では，だいだいの目分量で，注いでいくグループもありましたが，このグループは，すぐには注ぎ始めずに，じっくりと考えながら，すすめる様子がありました。かさを時間に置き換えてはかるということを，具体的に言葉にしている子どもはいませんでしたが，そのことをグループの四人ともがわかって，すすめているようでした。このグループ以外も，「多い」「少ない」「もっと」「もうちょっと」「多すぎた」「少なすぎる」「足りない」など，言葉でやりとりしながら，取り組む様子がありました。【事例3-11】のクラスでは，春に畑をつくる際に，石拾いをし，どのグループが一番多く拾い集められたかを比べる活動をしています。その中

59

第Ⅰ部　乳幼児の発達を促す

では，数で比べても，小さな石で数の多いグループと，大きな石で数の少ない
グループがあることに気づき，最終的には体重計をもってきて総量を量るとい
う方法を見つけ出していました。また，戸外の木製の小屋を修理するために，
必要な板の長さの測り方を考えていくという体験もしています。この事例では，
水量を一定にするために，注ぐ時間を一定にするという方法を見つけ出す姿が
ありました。これは，それまでの園生活の中で，物の量を知るために幼児なり
に考えていく体験を積み重ねてきたことの上に見られた姿です。

　本節では，数量・図形にかかわる場面を例に，小学校教育への接続を考えて
きました。小学校教育との接続は，小学校と同じスタイルを取るということで
はありません。乳幼児期にふさわしい保育のあり方を探求し，実現していくこ
とが，小学校教育への滑らかな接続にも寄与するものと考えます。保育者はつ
ねに，子どもが今，何に面白さを感じているか，何をわかりたいと思っている
か，一人ひとりの姿を多角的にみていく姿勢が求められます。

第3章　身近な物事にかかわる意欲を育む——環境

❖第3章「環境」のまとめ——子どもの意欲に着目した見とりを

　ここでは，「幼児期の終わりまでに育ってほしい姿」のうち，「思考力の芽生え」「自然との関わり・生命尊重」「数量や図形，標識や文字などへの関心・感覚」の三つについて見てみましょう。

◆思考力の芽生え
身近な事象に積極的に関わる中で，物の性質や仕組みなどを感じ取ったり，気付いたりし，考えたり，予想したり，工夫したりするなど，多様な関わりを楽しむようになる。また，友達の様々な考えに触れる中で，自分と異なる考えがあることに気付き，自ら判断したり，考え直したりするなど，新しい考えを生み出す喜びを味わいながら，自分の考えをよりよいものにするようになる。

　乳児は，周りの事象に関心をもち，じっと眺めたり触ってみたりなめてみたりと身体の諸感覚をフルに使いながら，物の色や形，手触りを確かめています。鏡に映った自分に驚いたり面白がったりすることもあるでしょう。こうして，子どもは，豊かな環境に触れ，環境とのかかわりを楽しむことで，自ら環境に働きかけようとする主体性を育み，考える力や知識・技能を獲得していきます。年齢が上がるとともに，この思考力の育ちは，仲間との遊びや対話を通した学び合いの中でさらに高められます。それだけに，5歳児の保育では，仲間との協同的な遊びの中で，友だちの話を聞いて自分の考えを修正したり新しい見方に気付いたりする機会を保障することが大切となります。

◆自然との関わり・生命尊重
自然に触れて感動する体験を通して，自然の変化などを感じ取り，好奇心や探究心をもって考え言葉などで表現しながら，身近な事象への関心が高まるとともに，自然への愛情や畏敬の念をもつようになる。また，身近な動植物に心を動かされる中で，生命の不思議さや尊さに気付き，身近な動植物への接し方を考え，命あるものとしていたわり，大切にする気持ちをもって関わるようになる。

　子どもたちは，【事例3-1】〜【事例3-3】のように，園庭で見つけた昆

第Ⅰ部　乳幼児の発達を促す

虫を育ててみたり，長期にわたって植物を栽培したりする経験を重ねています。ときに，遠足に出かけ，園内では出会えない生き物に出会ったり，より豊かな自然の中で思いきり体を動かして遊んだりすることもあるでしょう。年齢が上がるにつれ，ウサギやモルモット等，飼育動物の当番（餌やりや小屋の掃除等）や栽培する植物の水やり当番を行い，みんなで相談しながら継続的に生き物を世話することの大変さ，必要性を実感します。

　もちろん，一人ひとり，動植物への関心の高さはまちまちです。中には，アレルギーをもち，モルモットに触りたくても触れない子どももいるかもしれません。「5歳だからこうあらねばならない」ではなく，個々の思いや特性を大切にしながら自然体験ができる環境を整えましょう。

◆数量や図形，標識や文字などへの関心・感覚
　遊びや生活の中で，数量や図形・標識や文字などに親しむ体験を重ねたり，標識や文字の役割に気付いたりし，自らの必要感に基づきこれらを活用し，興味や関心，感覚をもつようになる。

　【事例3-11】では，コップのお茶の量を目で確かめたり，均等にお茶を注ぐために「1，2，3」と時間を計る方法を考えたりしています。ここで注目すべきなのは，「自らの必要感に基づきこれらを活用」するという点です。実際に注いでみて，お茶の量を体感したり，二つのコップの容量を比較したりと，試行錯誤しながらお茶を均等に注ぐにはどうしたらよいのかを考えています。

　子どもの必要感に基づかない，適時性を欠いた数や文字の指導は，子どもが豊かに表現する場を奪ってしまうことがあります。【事例3-9】のように，すぐに「はなびたいかい」の文字を指導するのではなく，まずは子どもの自由で多様な表現手段を受け止める姿勢が保育者に求められます。その後，子どもは，徐々に文字の有用性に気づき，文字が読めるようになりたい，書きたいという意欲を育んでいきます。小学校入学に向けて5歳児に求められるのは，知識・技能（正しい文字が書けるか書けないか）ではなく，意欲（文字の有用性に気づき文字に関心をもっているかどうか）なのです。　　　　　　　　（井口眞美）

コラム4 働くママにおくるエール

高石恭子

　家の大掃除をしていたら，20年ほど前のビデオテープが出てきました。タイトルは「さくらんぼぐみのおともだち」。長女が0歳児クラスのときの保育所での生活を，保育者の先生方がかわるがわる記録してくださっていたものです。はじめて歩いた日も，みんなと一緒にベランダでビニールプールに入った日も，設定遊びでよちよち歩きの友だちとケンカしている姿も，当たり前の日常として映し出されていました。

　何より驚いたのは，広い園庭で外遊びをしている場面です。0歳から2歳まで，十数名ぐらいの子どもたちが，まさに放牧のように園庭に放たれて，めいめいに好きなように過ごしているのです。まだ歩けないハイハイの男の子は，砂や側溝の蓋の上を，イモムシのようにうねって進んでいます。疲れると，地面の上に気持ちよさそうにほおをくっつけて……。

　自然保育をうたう特別なところではなく，ごくふつうの地域の保育所でした。今なら，「毒アリがいたら」「不衛生きわまりない」と，とても許可が下りないでしょう。二人の娘たちを連れて10年通ったその場所も，美しいサンルームと遊具が園庭の半分以上を占める，設備完備の保育所に変わってしまいました。

　働く母親にとって，言うまでもなく，保育所はとてもとても大切な場所です。子どもの数は減っているにもかかわらず，親が預けたいと思う保育所が足りない状況は，いっこうに解決のきざしを見せません。2013年の春，時の首相は，育児休暇延長を働く女性への支援策に掲げ，保育所に子どもを預ける母親たちに，「3年間抱っこし放題」ですよとTVで微笑んでみせました。わが国では，今なお「子どもは母親の手で育てるのが一番」という信念が為政者の中にゆるぎなくあるという現実を，端的に表すニュースだったと思います。

　それから3年，2016年には「保育園落ちた日本死ね!!!」という匿名ダイアリーの投稿が話題になり，その年の新語・流行語大賞トップ10にも選ばれたのは記憶に新しいところです。抱っこはもちろんするけれど，仕事もしたい，しなくてはならない母親がいかにたくさんいるか。保育の場と保育者は，その当たり前の現実を生きる親と子を支え，励まし，一人ひとりの心に寄り添うことがますます求められているのです。

　そもそも，1995年に日経連が「新時代の『日本的経営』」という歴史的な報告書を出して，企業が終身雇用を止めることを宣言して以来，高度経済成長時代の

63

第Ⅰ部　乳幼児の発達を促す

一つの典型であった「父が働き母が専業主婦の核家族」というライフスタイルは，大半の人にとって非現実なものとなりました。私は大学で20歳前後の学生さんたちと接していますが，最近の男性の多くは将来の自分の結婚相手に「働く」ことを期待しています。その理由は，男女共同参画といった理念とはあまり関係なく，「自分の給料だけではやっていけないと思うから」という経済的な理由を挙げる人がほとんどです。実際，総合大学の人文系，理学系を卒業した学生の約3分の1は非正規雇用というデータもあります。女性は，母親になるかどうかにかかわらず，働き続けることが前提の社会がすでに到来しているわけです。

　少し回り道をしましたが，もう一度保育所の話に戻りましょう。

　冒頭のビデオに記録された保育の様子をどう感じられましたか。汚くて，危険，とてもうちの子をそんなところに預けられない……でしょうか。私の率直な思いは，「感謝」でした。くだんのビデオは，天井に設置されたデジタルカメラでモニターされたものではありません。片手にカメラを持ち，両目で子どもたちをしっかり見つめる保育者の方々のまなざしがそこには生きているのです。地面にほおずりする子どもは，大地の安心感を，陽のぬくもりと，肌触りと，においと，ひょっとしたら味わいと，保育者の声と，五感を通して全身で感じ取っていたに違いありません。

　解剖学者で，保育についても多くの講演録を残している三木成夫先生は，0歳児が多くのものを，口でなめ廻し，肌で触れ，手でつかみ，感覚的に記憶に刷り込むことの大事さを語っています（『内臓とこころ』河出文庫，2013年）。たとえばある丸いコップを見たとき，その経験は一人ずつ違う。私たちは過去になめ，手のひらで撫で廻し，重みを感じ，音を聞いた，あらゆる丸いコップの記憶が混然一体となり，目の前のそれを認識するというのです。そうすると，大人になってイモムシくんが踏みしめる大地は，あの園庭の記憶とともに，温かく，彼を支えてくれるよりどころとなるはずです。

　このような豊かな原体験は，核家族の母親がもっぱら子どもに付き添って育てたからといって，得られるものではありません。親にはない大胆さと繊細さで子どもを見守る，プロの保育者の目の届くところでこそ，子どもたちが経験できる世界があるのです。働く母親は，乳幼児を保育所に「預ける」というだけで，有言無言の批判にさらされているように感じ，自分自身でも罪悪感を抱きがちです。でも，大切なのは，子どもがどれほど豊かな感覚体験の記憶の引き出しをたくさんもてるかです。働くママは，「必然に迫られる」ことをチャンスと思って，ぜひ保育者とともに子育てする楽しみを味わってほしいと思います。

第 4 章

言葉で伝え合う態度を育む
―― 言　葉

山下晶子

第Ⅰ部　乳幼児の発達を促す

　子どものつぶやきに耳を傾けてみると，心が揺さぶられ，感じたままを言葉にのせて，発しています。その言葉に大人も心を揺さぶられます。そして，子どもの心と一体となります。

　子どもは成長とともに言葉を覚え，そして一年もすると話し始めます。自分で見たこと，聞いたこと，人の話しかけなど周囲の刺激によって，反応して言葉を覚えていきます。刺激を受けたことによって，はじめは無意識な音を発し，やがて言葉を発し，一語文から二語文へ言葉が増え会話ができ，そして，イメージをもとに伝え合うこともできるようになり，文字への関心も広がり書き言葉への関心も高まってきます。成長発達とともに言葉も豊かになっていきます。その過程には，受け止めてくれて，やさしく，話しかけてくれる大人が必要です。その人がいるからこそ，その人に伝えたい，聞いてもらいたい，話したいという気持ちが芽生えるのだと思います。そして人とのコミュニケーションにより，言葉はより豊かになっていくのです。

1　言葉の獲得過程

【事例4-1】　ほら，みてみて！（0歳児11月）

①「あめ」

　保育室の窓から見える景色を見て，A子は外を指さして側にいた保育者に向かって「あめ！」と言う。保育者は「あめ，あめふってきたね」と言う。今度は，B子もやって来て「あめ！　あめ！」といい，窓の外を指す。保育者は，「あめね」と繰り返す。

②「ひこうき，あったね」

　園庭で空を指さして，C男が「あっ！」と言う。

　そばにいた保育者も一緒に空を見て，「何があったの？　あ，飛行機あったね」と応えると，C男は「うん」と嬉しそうに笑った。隣にいたD子も空を指さして「あ！　あ！」と，自分も見つけたことを保育者に伝える。「ひこうき，あったね」と言うと，嬉しそうな顔をした。

66

第4章　言葉で伝え合う態度を育む――言葉

③「おつきさま」
　夕方，E男が窓ごしに，空を指さして「あ！　あ！」と言う。保育者が外を見ると月が見えたので「おつきさまあったね」と応えた。すると，そばで聞いていたF子が黙って絵本ラックから「おつきさま」の絵本を持ってきた。保育者は二人に絵本を読んだ。

あ！　あ！　ひこうき

　0歳児クラスの子どもたちが，日々の生活の中で，保育者と，園庭や保育室でゆったりと過ごしているときに，周囲のひと，もの，こと（環境）が目に入り，心が動かされて，発した言葉（つぶやき）を書き留めた事例です。
　早い子では10か月を過ぎるころから，初語，一語文がみられます。一語文の中に豊かな意味があります。
　【事例4-1】の①，A子が「あめ！」と言い，それを聞き，同じ気持ちを伝えたかったB子は「あめ！　あめ！」と言います。B子の言葉の中には「ほんと，あめだよね」「あめ，ふってきたけど……」「いやだな」など，その子の思いが含まれて「あめ！」と，A子もB子も保育者に伝えてきています。保育者は共感し「ほんと，あめね」と，聞き取るだけではなく，その子の心の中にある思いを汲み取ること，また，その子が何を伝えたいかの思いを読み取り，言葉に変え応答的に返していくことが，これからの言葉への関心を広げていく上で大切なことと言えます。大人，保育者（信頼を寄せる人）がすぐに，やさしく答えてくれること，また，「この人なら安心」と心を開き，語りたくなる大人・保育者がそばにいてくれることが何よりです。乳児，とくに，言葉での表現が十分ではない0歳児では，この安心感，信頼関係が大切といえます。言葉の発達は，人との愛着関係が基盤になり，豊かな言葉の獲得につながっていきます。

第Ⅰ部　乳幼児の発達を促す

　②では，そばにいる保育者が，応答的に，子どもの心の動きに答えて共感して言葉を返しています。このことが子どもにとって大きな意味をもちます。子どもにとっては，どんなに安心でき，そして嬉しいことでしょう。大人，保育者とのコミュニケーションを通して，自分は受け入れられていることに気づき「この人に話したいな。聞いてもらいたいな」と心を開きます。

　生後，興奮から始まり，快・不快の感覚，「微笑」や「泣き」から出発した様々な感覚が内言化していきます。そして，一年もすると乳児は，言葉を発するようになりますが，母子関係などの養育者との関係がこうした言葉の育ち（発達）に大きく影響するといわれています。

　③は，Ｅ男は“おつきさま”を発見したとき，自分の発した言葉を保育者が受け止めてくれ，共感してくれたことにより，安心し，「この人（保育者）いいな」と思ったことでしょう。また，次の場面のＦ子は，Ｅ男に共感して，次に絵本を取り出し「あ，そういえば，おつきさまのえほんあったな」そして「おつきさまのえほんいっしょにみようよ」「せんせいよんで」と言葉として発してはいませんが動作や行動で意思表示をしています。保育者はＦ子の行動から，意思表示を読み取り，二人に絵本を読みます。

　日々の生活の中で，子どもたちはたくさんの興味，関心をもっています。こうした個々の関心を大事にしてかかわっていくことが言葉の土台作りとなります。

　小さいながらも，仲間とともに過ごしている園という集団生活の中では，よくみられる光景です。自分だけではなく，ひと（友だち）やものを間に入れて，交流することができるようになります。

　交流から楽しい思いを共有し共感し合う豊かな関係づくりの機会を見守ることやつくっていくことが大切です。

　豊かな言葉の育ちにとって，大人（保育者）の姿勢，言動はとても重要です。また，子どもが言葉を話すようになっても，言葉だけですべてを伝えているわけではなく，身振り，感情で思いを伝えることがあり，大人（保育者）は，子どもの思いを言葉にして共感し理解することが重要といえます。

第4章　言葉で伝え合う態度を育む――言葉

【事例4-2】　絵本（1歳児12月）

　G子が保育者の真似をして，まわりの子を集めて，四，五人に絵本を読んでいた。「いーちといちでおやまだよ〜」と導入して，絵本をめくり，読めるところだけ読んで，最後，「おしまい」と言い，絵本を閉じた。

　1歳児になると，自分を取り巻く環境が広がり，様々な体験がさらに積み重なっていきます。このころから園生活の中での獲得する言葉が多くなり，語彙数もかなり多くなってきています。

　【事例4-2】は，保育者の日々の姿をよく見ていて，保育者がしてくれること，保育者にされてうれしいことを真似て再現しています。言葉を使う楽しさの現れでもあり，さらには，仲間と一緒にいる環境であるからこその姿ともいえるでしょう。絵本を読んであげて，最後に絵本を閉じるときの言葉，しぐさも真似ています。お決まりの言葉を言うことも含めて楽しいコミュニケーションなのでしょう。また，「おしまい」という言葉からもわかるように，子どもたちが日々の生活の中で保育者へのあこがれをもち，保育者のすること，話すことを真似したい，使ってみたいという感情が行動となり，そして，うれしいという実感となります。子どもにとっては遊びの一つですが，大好きな保育者の真似をすることは喜びの一つで，このような子どもの姿は発達の土台として，大事にしたいことです。

【事例4-3】　みんなのおもちゃ（2歳児10月）

　音のでる魅力的な玩具に四人の子どもが集まる。力の強い子H男は，まわりを見まわし一番よい場所を確保する。あとの三人も触りたくて，手を出そうとするが，「ダメ！」と言われてしまう。

　H男が自分だけ触りたくて，他の子どもが玩具を触ると「ダメ！　僕のだから触っちゃだめ！」と玩具を隠すように覆いかぶさる。I子が「みんなのだよ」「あたしも，使いたいよ」と言うと，H男が「だめ！　だめ！」とまた，玩具を独り占めする。J男が空いているところから手を出して遊ぼうとすると，

69

第Ⅰ部　乳幼児の発達を促す

H男が「だめ！　あっちいって，さわっちゃダメ！」。J男が，「えー，つかい
たいー」と言って，手をだしたところ，四人で取っ組み合いが始まった。それ
に気づいた保育者が，「あれあれ？　おもちゃは一人で使っていいのかな？」
「おもちゃは，みんなのだよね？」と言うと，子どもたちは大騒ぎだったのが，
静かになり保育者の話に耳を傾ける。
　保育者は「ダメダメーって言っていいのかな」「それじゃあ，みんなで遊べ
ないよ。みんなにおもちゃ，貸してあげられないね」と言う。また続けて，
「どうしたら，つかえるかな？」「なんて，言ったらいいのかな？」と言うと，
I子が「みんなで，みんなで」と言う。J男も「かしてー」と言う。保育者は
「そうそう，そうだね！　貸してって言うんだよね」「みんなで仲良く使えた
ら，たのしいよね」「いじわるは，よくないよね」
　J男は「かして」，K男も「ぼくも，かして」と言う。H男は仕方なしに，
まわりを見渡して，はじめて，「いいよ」とやや小声で言った。そこに，そば
にいたL男も来て「ぼくも，遊びたい。かして」と言うと，H男は，今度は，
大きな声で「いいよ。いっしょに」と答えた。五人で玩具を仲良く使う。

　【事例4-3】のように，2歳から3歳ごろにかけての子どもは，まだまだ，
自他の区別がはっきりせず，自分の思いを押し通したい感情をそのまま出して
しまいます。しかし，保育者の仲立ちから，友だちの思いを少しずつわかるよ
うになり自分の思い（言葉）がどうなのかを考える力がついてきます。抑制し
ていこうとする気持ちが行動になるよう，友だちとの言葉のやり取りを促すと，
友だちもおもちゃが使いたいんだということがわかってくるようになります。
この時期には，保育者や友だちとのコミュニケーションを通し，自分の思い通
りにいかないこと，相手の気持ちがわかることの経験を積んでいくことが大切
です。保育者は，子どもたちがそれぞれの思いを言葉で表現できるように気持
ちを引き出しするような，言葉を口にしています。日々の生活や遊びの中で繰
り返し伝えていくことで，子ども同士が言葉を用いたコミュニケーションをす
る力をつけていくことにもなるでしょう。

第4章　言葉で伝え合う態度を育む──言葉

【事例4-4】　すごろく（4歳児1月）

　M男・N子・O男の三人で，すごろくをする。お互いに順番に行い，楽しく終わる。もう一回やろうと言うこともなく片づけた。その後，O男はN子と二人で二回目をしようとすごろくをあらためて出してきて広げると，M男が戻って来て「ぼくももう一回やる」O男は「え，入れてって言ってないよ」という。けれども，M男は「いいから，やるよ」と強引にコマを設定して，N子に「一緒にやろう，はやくはやく，ジャンケンしようよ」と言う。N子は，はやくやりたいので「いいよ」と言ってしまう。O男はやや弱気になり「M男くん，入れてって言ってないよ」と再度言うが，聞き入れずN子と始めようとした。O男は黙って嫌な表情をしていたが，再度「ぼくのだよ，ぼくがカードを置くんだからね」と言う。だが，M男は「ぼくがおく」と言い，さっさとすごろくを始める。O男は，これ以上言っても，聞き入れてくれないと思い，そこから離れて，ドアの方へ行きしゃがみ込み，小声で「ぼくがN子ちゃんと始めたのに，どうしてだよ……ばか」と言う。M男はその姿を見るが，そのまますごろくを進めた。

　保育者は，O男に対してどうするのか，そのまま見守るか，声をかけるか迷った。M男に力で押されてしまい自分の思いが伝わらない。O男の気持ちを考えるとM男に「ぼくが先にもってきて始めたのに，入れてって言えばいいのに，言えば入れてあげるのに」と伝えたいのではと想像し，迷ったが，M男に声をかけることにした。「O男くんがやってたんじゃないのかな，O男くん，なんだか嫌そうだけど？」と声をかける。M男「……」。保育者は「M男くん，考えてみて，O男の気持ち？」と声をかけた。少ししてM男はO男に「ごめんね」と言う。O男はその言葉を少しの間，聞き入れなかったが，M男が何度か謝ると，O男は表情が明るくなり，サイコロを手渡され，また，三人ですごろくを再開した。

　【事例4-4】は，4歳児の仲間との遊びの中で，よく見られる姿です。3，4歳ごろになると会話の成立による言葉のやり取りの中で，自分の気持ちを出し，言い合う場面が多くみられます。事例では，O男が自分の気持ちを相手に懸命に伝えようとして，「入れてって言ってないよ」などと言いますが，それ

第Ⅰ部　乳幼児の発達を促す

以上の言葉が見つからず，また，自分より強い相手を意識してしまい，相手に伝わらず，思うようにいかなかった悔しさの行動として，ドアの近くに行き，しゃがみ込んでぶつぶつと，感情をぶつけています。「相手に伝えたいのに言葉が出てこない」「悔しい」といった思いが生じたときにこそ，保育者の出番となります。幼児期の子どもたちは自尊感情も強く，子どもたちの個性も個人差も十分に理解して，子どもの心を汲み取り，傷つけないように対応することが求められます。O男の行動を見守りながら，M男の行動と言葉，N子はどう思ったのかを考えます。「N子がそこでひとこと言ってくれていれば」など思うところはあるものの，友だちとのかかわりの中で，相手の気持ちに気づき，そして言葉を通してかかわっていくことがコミュニケーションの力になっていきます。保育者のかかわり方として，解決を急ぐあまり，「なかよくね」「ごめんね」と言ってしまいがちですが，子どもの様子を見守ることも適切な援助と言えます。個々の場面に合った対応をすることは難しく，保育者が悩むところですが，ここでは，保育者はM男に“ごめんね”の言葉を望んでいたわけではなく，相手の気持ちを考えてほしかったのでしょう。しかし，M男は間もなく「ごめんね」と言ってしまっています。

　相手の思いを理解することの出発として，個々への対応とともに集団の中から子どもたちみんなに考えを聞くことで集団としての成長につながると思います。園の日々の生活や仲間とのかかわりを通して，心身の発達が著しいこの乳幼児期，言葉が豊かに育つ援助，かかわりを大切にしたいものです。

2　言葉による伝え合い

【事例4-5】　焼きそば屋さんごっこ（4歳児7月）
　保育者は遊びに必要なものを準備し雰囲気作りをする。遊具（毛糸・紙皿・手作りトング）とテーブルクロスを用意した。そこへP男とQ子がすぐにやってきて遊びだす。P男とQ子二人が同時に同じことを始める。焼きそばに見立

第4章 言葉で伝え合う態度を育む――言葉

てた毛糸をかき混ぜ，焼きそば屋さんになる。P男は一緒に遊ぼうとしていたR男に，「お客さんになって」と言う。「いらっしゃいませ，何にしますか？」とR男を客にして声をかける。R男もその気になり，「ふつうの焼きそばください。いくらですか」と言うと，P男は焼きそばを作り，紙皿に毛糸を入れて焼きそばにみたて，差し出す。

財布とお金

P男「ただです。はいふつうの焼きそばです」そこで，保育者が「P男くん，焼きそば上手に作ってるね」と声をかけると，「お祭りで焼きそば作るの見てたから，作り方知ってる」と言いながら，手を動かし毛糸をかき混ぜる。R男は遊んでいるときに思い出したのか，急に，P男に「この前，お祭りで会ったよね」と言う。P男が「会ったよね」と，同意する。遊びは，そのまま続き，Q子は，紙皿を使ってレジの人になりお金のやり取りのまねをする。

それをみていたR男は，折り紙を持ってきて財布を作ろうとするが折り方がわからないので，保育者に聞きに行く。「先生，お財布の折り方わからないよ」保育者は「お財布作るの？」と言い，「一緒に作ろうか」と声をかけた。お財布が出来上がる。遊びを見ていたS男がきて，Q子のレジ係をやりたいと言っていたが，折り紙の財布に魅力を感じたようで，「お客さんになる」とS男は言う。保育者のそばに来てお財布を自分も折りたいと言ってきた。さらにT男が来て，お店を想像して「ドアはどこですか？」と言うと，Q子が「あそこです」と後方を指し，T男はドアに見立てた場所から入ってきてテーブルに着き「ふつうの焼きそばください」と注文する。Q子が焼きそばを持ってきた。財布作りの場所に何人かが集まっていてT男も魅力を感じ，財布作りの輪に入る。Q子も財布と紙を丸めてお金（写真参照）を作りはじめると，何人か集まってきて，財布やお金を作る。

その後，お客の子たちは「いくらですか？」と言いながら，焼きそばとお金のやり取りを繰り返した。

昼の食事の時間になり遊びが終了した。

午後のおやつ後の時間にR男が，「お店屋さんになりたい人，手あげて」と

73

第Ⅰ部　乳幼児の発達を促す

言い，何人かの子どもが「ハイハイ」と手をあげた。R男は「1，2，3，4，四人ね。じゃ，じゃんけんね」と言い，四人でじゃんけんをした。

　【事例4-5】は，地域のお祭りを体験している子どもたちの経験が生かされたごっこ遊びです。P男が，R男に「お祭りで会ったよね」と言うと，R男が満足そうに「会ったよね」と答えているところは，たのしい会話になっていて，イメージの共有ができていると言えます。また，心が通じ合った事例といえるでしょう。

　焼きそば屋さんという遊びが展開していく中で，同じ遊びを仲間と一緒に楽しめることから，友だちとのかかわり，コミュニケーションとイメージの共有ができていると言えます。4歳ごろになると自分の経験をイメージして，そして言葉のやり取りがあり，さらに遊びが次々に広がり，共感する仲間も自然に呼び込んでいます。その後，保育者の援助により，お金のやり取りと財布作りへ，遊びが拡張しています。午後のおやつ後の遊びにも影響して，R男は「お店屋さんになりたい人」とクラスの仲間に「焼きそば屋さんごっこって，楽しいんだよ。一緒に遊ぼうよ！」と言わんばかりに誘いかけています。意気揚々とした，R男の満足そうな姿が浮かんできます。焼きそば屋さんごっこでの遊具やテーブルクロス等，子どもたちの遊びの雰囲気を作る環境としての"もの"は大事な要素となりますが，後半の遊びの財布作りへの展開などをみてみると，言葉をかけていくタイミング等，保育者のかかわりや援助も重要な要素といえます。

3　豊かな言語環境

【事例4-6】　影絵（2年保育5歳児1月）
　2月の生活発表会に向けてクラスで話し合いをし四つのグループを決めて取り組む。題材についてもみんなで話し合い，やりたいものを絞り決めていった。

その中の一つとして影絵をやりたい子七人が集まった。最初にリーダーを決める。保育者が「リーダーは，発表まで，みんなの意見を聞いて，まとめたり，先生に報告したりする役だよ。わかる？」と，説明する。U男が自分から名乗りを上げた。グループのメンバーはU男をリーダーと認め決定した。

①どんな影絵にするか決める

実際に影を映しながら，U男が中心になり相談するが，七人がまとまらず，形も決まらない。U男が，遊び始めると，V男が「決めないとすすまないよ」と言うが，W男もX男，Y男も，U男につられて遊び始める。Z男，a子は二人で "カニ" と "チョウ" をつくって影を映している。それを見ていたV男が「"カニ" と "チョウ" はやろう」と言うと，U男「リーダーが決めるから，勝手に決めるな」と怒った。

②表現するものを決める

「一人で表現するもの，二人で表現するもの，大人数で表現するものを決めるよ」と保育者が説明する。「みんなで力を合わせていくんだよ，発表するから，リーダーさん，みんなの意見をまとめてね」と言うと，U男は「決まったら先生に報告するから」と言う。

U男がリーダーであることを自覚したのか，ほかのメンバーの考えを聞きながら，なんとか，自分たちで形を考えた "ウマ"，"ペンギン" は決めることができた。次に，四人で "カニ" の形をどうするかと考えているとき，Z男が「カニは，二人ずつ，分かれるのはどうかな」とアイデアを出すとU男は「いいね，じゃあ，やってみよう」と言う。a子が「分かれるのはだれとだれ？」と言い，それぞれに分かれて形をつくる。V男が「この方が，カニの足に見えるよ」と言うと，「おー！」と声が上がる。実際に練習を始めて，間があくと，また，U男，W男，X男，Y男，Z男は遊び始めてしまう。V男が声をかけるとX男Y男Z男は気がつき戻る。結局U男とW男を抜いたメンバーでやる動物が決まる。

③もういちどリーダーを決める

その形に必要なアイテムを挙げたのでその作成にはいった。U男はみんなを集めたものの，W男とまた遊び始める。a子が「リーダーがちゃんとやってないと困る，遊んでばっかいるんだけど」「先生きて」と言う。U男はそう言われて反論できない。保育者も呼ばれみんなで話し合いをすることになる。「U男くんは遊んでばかりいてやめてほしい」「V男くんにリーダーやってほしい」，

"ウマ"にみえる！

Z男も「そうだよ，せっかく決まったのにすぐどこか行っちゃうんだから」，V男も「お母さんたち見にくるから」とU男への不満を言う。その結果，リーダーはV男に変わった方がよいという方向に話が進み始める。V男が実質みんなの中心になっていたのを他のみんなも見てきた。V男は考えていたが返事はしなかった。ところが，U男が「わかった，今度から遊ばないよ，ごめんね」と自分の行為を謝り，V男の顔を見て，「ごめんね」と言う。結局続けてU男に任せることになる。

④演目決定

U男がV男の意見を聞きながらどの順で行うかを話し始める。ほかの子どもたちも「いいね」「次，"ウマ"がいい」と言いながら，練習すると，V男が「順番かえようよ。W男くんが次のカニに間に合わないから」U男が「そうだね，何回もやるからすぐにでないペンギンをウマのあとにしよう」と言い，演目の順を入れ替えていこうという話し合いができた。保育者も呼ばれて一緒に考えたり試したりしながら，演目順と演じる人が決まった。

⑤クラスのみんなに見てもらう

グループごとに取り組んだものをクラスみんなに，各々発表し全体で見せ合い，意見を出し合い話し合う。影絵グループに対して，ほかのみんなからの意見は，「カニはみんなでやっててすごい」「動物にみえる」「じょうず」「みんなばっちり」等があり，クラスのみんなの言葉は大きな自信になった。

【事例4-6】は，生活発表会でグループごとに発表するという大きな目標に向けての取り組みです。影絵担当の七人の子ども一人ひとりがグループでの取り組みを通し，自分の考えを言葉で伝えてコミュニケーションを図ろうとしています。保育者は，リーダーになることに意欲的で自分から名乗り出たU男を認めましたが，U男がみんなをまとめられないことから，V男やa子の意見，そして，ほかのメンバーも意見を出し，その中でお互い自分の主張と相手の考

えを知り相手の考えに気づけるようにしています。保育者は子ども同士でかかわり，取り組んでいく経験を大切にし，タイミングをはかり援助しています。言葉のやり取りを通し後半のところで，Ｕ男は「Ｖ男がリーダーになればよい」と言う意見を聞き，言葉にはしていませんでしたが，いろいろ考えたのでしょう。保育者はその場面も大切にしています。言葉で自分の考えを言い合える５歳児ともなると自分の考えのほかに相手の心の動きも受け入れることで仲間として認め合っていきます。目的に向かってみんなで協力して取り組んでいくこと，友だちの思いや考えに気づき，認め，自分の考えを言葉で友だちに伝えることを通し，個と集団としての成長がみられた事例といえるでしょう。

4 家庭との連携

【事例 4 - 7】は，園から発信するお便りの一つ，クラスだよりです。このお便りは５歳児の年長クラスの運動会に向けて子どもたちが取り組んでいる個々の子どもの姿やクラスでの取り組みの様子などを載せています。行事の中で重要な位置を占めている運動会については，子どもたちの姿や言葉も豊富に取り入れ，伝え方の工夫をしています。保護者に子どもたちの日常の姿を掲載することで成長を知らせる絶好の機会です。３号にわたる運動会の特集号の中のNo. 3 ですが，３号とも運動会に向けての子どもたちとの話し合いの内容，子どもたちの取り組みの様子，写真を一緒に載せています。このNo. 3 では，運動会まであと一週間となった時期，子どもたちの考えていることや葛藤を，子どもの言葉から保育が見えるように伝えています。リレーのアンカーをめぐるチームでの話し合いから「俺がアンカーをやる！　俺がみんなのために勝ってやる！」などの子どもたちの言葉を拾っています。

　園は，子どもたちの健やかな成長，そして幸せを願い保育をしています。そして，子どもたちの家庭との連携は保育をするうえでは切り離すことができない大切なことです。園と家庭の間で保育，子育てについての考え方のずれがあると園の生活や子どもたちの成長発達にも影響します。お互いの考え方の相互

第Ⅰ部　乳幼児の発達を促す

【事例4-7】　クラスだより

～くじら組クラスだより～　H28年10月3日

いよいよ、来週に迫った運動会。カレンダーを見ながら、あともうちょっとだ！と、楽しみにしている子どもたちです。このところ熱くなっているリレーの様子をお知らせします。

～リレーの巻～

　　前回のクラスだよりでもお伝えしたリレー。ほぼチームも決まり、どんどん走っていますが、今までは、勝ち負けがだいたい同じくらいだったのに、今週に入り＜勝ち＞が偏ってきてしまいました。
　　なぜか、赤組の子の方がバトンを落としたり、転んだりするハプニングが多いのです。ケンカをしてイジケてしまい、リレーに参加しなかったり、怒って泣きながら走るので遅くなったり…
　　そこで、今週は数回、**リレーの作戦会議**を開きました。
会議の議題は、ズバリ！＜**どうしたら、相手に勝てるのか！**＞です。
黄色組は、もともとトラブルが少なく、勝負にもこの所勝っているせいか、
話し合いも割とスムーズでした。
赤組は、「俺がアンカーをやれば勝てる！」「俺の方が早い！」「いつも〇〇くんじゃないか、僕にも走らせろ！」という話で、とっても盛り上がってしまい…作戦内容に話が至りませんでした。
　　　（…あららら…アンカーのプレッシャーを感じている子もいる中、赤組は強気な子が多いです！(笑)）
　　担任が赤組に入り、速い子をどこの順番にするかが大事だよ、バトンを落としがちだからどうしよう、ラインを大回りしすぎて抜かされてたよ、という事を伝えていくと、そうか！と、気づき、そこからやっとみんなで勝つために、どうするか、と言う方向に気持ちが向いてくれたみたいです。
「俺たち、なんだか勝てる気がする！」「今すぐ走りたい！」と、気持ちも高まり、そこで決まった作戦を基に、再度リレーにチャレンジ！
　　結果は…？！！！
とても作戦は効いていて順調に勝っていたのに、やはりバトンを落としてしまい、惜しくも、ほんの少しの差で負けてしまったのです。
「俺がアンカーをやる！俺がみんなの為に勝ってやる！」と手を挙げた子達は、悔しさに、大泣きしていました。
ですが、「良かったよ、いい走り方だったよ」「諦めてなくてかっこよかった」と、一人の子がそっと声を掛けてくれたのです。同じチームで、彼も負けて悔しいはずですが、その悔しい気持ちを共有してなお、頑張りを認めてくれる…。担任は、とても心が温かくなりました。リレーは勝負！どうせなら勝ちたい！！ものですが、負けたからこそ、色々な気持ちも生まれてくるのかもしれません。
　　勝つか負けるか！だけではない、**いろいろな経験**をしてくれている子ども達に、大拍手！！です。
※リレーのチームはまだ少し調整していきます。決まったらお知らせしますね。

第4章　言葉で伝え合う態度を育む——言葉

理解が大事になります。家庭，親の考えを理解せずに，園の考えを一方的に伝えようとしても理解を得ることはできません。親との相互理解を深めていくためにも，園だより，クラスだより，連絡帳等を通し，園の理念や方針，行事のこと，健康のこと，子どもの発達の視点等をわかりやすい言葉で丁寧に伝えることを大切にしたいものです。また，お便りを通して，親子の会話が豊かなものになることも期待できます。

　言葉をめぐる課題として，乳児期からの子育てにおいて「スマホ子守」が少し前から問題として挙げられています。どのような時代にあっても，親子の触れ合いや対話を大切にし，かかわりを通して温かな大人の言葉が子どもの中に伝わるよう心がけたいものです。

第Ⅰ部　乳幼児の発達を促す

❖第4章「言葉」のまとめ
——豊かな「聞く」「話す」経験が小学校での言語学習の基礎となる

　言葉の獲得過程において，乳幼児期の育ちが重要な意味をもつことは言うまでもありません。幼児期の豊かな「聞く」「話す」経験が，小学校での「読む」「書く」言語活動の基盤となっており，幼児期には，文字の習得以前の，言葉によるコミュニケーション力を育てることが重要となります。

　この章では，「幼児期の終わりまでに育ってほしい姿」のうち，「言葉による伝え合い」について見てみましょう。

◆言葉による伝え合い
先生や友達と心を通わせる中で，絵本や物語などに親しみながら，豊かな言葉や表現を身に付け，経験したことや考えたことなどを言葉で伝えたり，相手の話を注意して聞いたりし，言葉による伝え合いを楽しむようになる。

　乳児期には，一人ひとりの情緒の安定を図るために，特定の保育者との愛着関係が築けるように担当制をとって保育を行うことがあります。言葉によるコミニュケーションにおいても，保育者との信頼関係が必須であり，子どもからの働きかけに対し保育者は温かく受容的・応答的なかかわりが求められます。発声や喃語を受け止めくり返し応答したり，語りかけたりすることで，乳児は言葉を獲得していきます。

　1歳ごろからは，自分の思いを言葉で表現したり，相手の話す言葉を聞こうとしたりします。この時期には，簡単な歌や絵本，紙芝居に親しみ，言葉をくり返したり模倣を楽しんだりする経験が大切となります。【事例4-2】においても，日ごろ，保育者や友だちがしていることや発している言葉を真似して遊ぶ姿が見られます。

　友達とのかかわりが増えてくると，互いの思いがぶつかり合い，【事例4-3】のようにけんかが起こることもあります。まだ言葉で十分に伝えきれないもどかしさから，友だちに嚙みついたり叩いたりしてしまうこともあります。その際，保育者が「あー，ダメ！」と大声を出して注意をするのではなく，危

険性がない限りは，子ども一人ひとりの気持ちを受け止めた上で，「どう行動すればよかったのか」に気づけるような言葉がけを心がけます。こうした保育者の姿を見て，子どもたちは言葉による伝え合いの必要性を学ぶのです。

　友だち関係の広がりが見られる4歳児の様子が【事例4-4】で示されています。すごろく遊びを始めたM男にはM男なりの「遊びをはじめたのはぼくだ」という考え方があり，O男にはO男なりに「M男は遊びを止めたから，あらためてぼくたちが遊びをはじめた」と考えています。その両者の思いを保育者は感じ取り，M男にO男の思いに気づくよう働きかけました。

　また「ごめんね」という謝りの言葉により，O男の心もほぐれていったのでしょう。たんに「ごめんね」と言わせて解決を急いでも，子どもの心には響きません。心の中の思いや謝りたいという気持ちを保育者が読み取り，ときに仲介しながら子ども自身の言葉で伝えられるよう援助することで，お互いに納得のいく結果が得られ，互いの関係性もよりよいものとなるのでしょう。

　5歳児になると，数人のグループだけでなくクラス全員の前で自分の作品について説明したり友だちの取り組みについての感想を述べたりする機会が増えてきます。「つき組さんで飼っているモルモットのお話を作って劇にしよう」等，行事に向けて見通しをもった話し合いを進めたり，当番活動や所持品の片付け等生活面での問題点についてどうしたら解決できるか話し合ったりすることで，自分たちの生活をより自主的に進めていく態度が育っていきます。

　人間関係を築く上で，言葉での伝え合いは大切な役割を果たします。小学校では，聞くこと，話すことに加え，読むこと，書くことが言語活動の中心となっていきます。小学校への接続を考えたとき，早期から読み書きの知識を身につけさせることよりも，周りの人たちの話を聞く，自分の思いを伝えるといった言葉による伝え合いの力を育てることが大切です。言葉によって思いを伝え合う力，コミュニケーション力は，集団の中で主体的に生きるための重要な手段となります。それだけに，集団の中でその子なりに言葉で表現できる環境を保障し，一人ひとりの思いや実態に即して適切に援助することが保育者に求められています。

（井口眞美）

コラム5　子どもの伝えたい思い

榎本眞実

　私が幼稚園教諭として働き始めて10年近く経ったころ，2年保育年長組の担任となり，ある男の子と出会いました。もう数十年前になる彼との出会いは，保育者としての基盤となることを私に教えてくれました。

*

　4月に出会ったアツシはシャイなのか，私が「おはようございます」と声をかけただけでうつむき，顔を赤らめるほどでした。友だちとかかわることも少なく，私は彼が思いや経験を言葉で表すことができるよう願っていました。そのため，彼とは言葉を交わす機会をことさら多くもつようにし，「日曜日は何していたの？」「アツシくんはどう思う？」等と問いかけることを繰り返しました。ところが2学期になっても，言葉で表すことへの苦手意識はなくならない様子でした。
　一方，アツシは運動神経がよく，とくに鬼ごっこが大好きでした。アツシとなかなか心が通じ合わない日々の中，私は遊びの時間は，できるだけ鬼ごっこを一緒にするよう心がけました。そのときの鬼ごっこは「助け鬼」。ルールは，逃げる子どもたちには鬼につかまらない安全地帯がある。つかまえられると鬼の陣地に捕われるけれど，仲間が捕われている子どもにタッチできたら逃げられる－というものでした。アツシは他の遊びや生活の場面では相変わらず友だちとかかわることが少なかったのですが，「助け鬼」の中では違いました。そして，「アツシくんって速いから捕まらない！」「アツシくんと同じチームがいいな」「つかまってもアツシくんがすぐに助けてくれる！」と認められ，頼りにされるようになっていきました。私が鬼の陣地に捕われるとアツシはすぐに助けに来てくれ，鬼ごっこを通してつながりもできてきました。
　ある日，逃げる子どもたちが安全地帯からまったく出てこなくなり，つかまった子どもたちが鬼の陣地から勝手に逃げるということが続きました。そのとき，私は保育室にいて，その様子にはまったく気がつきませんでした。鬼をしていたアツシはついに怒りを爆発させ，保育室の入り口まで来て「先生!!」と大きな声を出しました。ただならぬ様子にすぐに側に行き話を聞いたところ，彼は「ずるいよ」「あんなことばかりして，あれじゃあ鬼が勝てない」と言葉につまりながらも大きな声で経過を話し，悔しさを表したのです。
　その日の片づけの後クラスで集まったとき，遊びの時間に「助け鬼」で何が

コラム5　子どもの伝えたい思い

あったのか，どうしたら楽しく遊ぶことができるかを全員で考える時間をもちました。ここでもアツシは自ら思いを伝えようと必死でした。その様子にクラスの子どもたちも事態の緊迫感を理解し，ルールのことを一生懸命に考え始めました。その後も何か起こると全員でルールを確認し，考え直し，クラスオリジナルの「助け鬼」のルールができました。皆で考えたルールは皆が理解し守ることにつながり，卒園まで繰り返し「助け鬼」を楽しみました。そこには，生き生きと走り周るアツシの姿ももちろんありました。

＊

この半年に及ぶできごとから学んだことの一つは「言葉で思いや経験を表すことの少ない子どもに言葉を通してかかわり言葉で表わすことを促す」という直接的な指導の意味です。あるテキスト（戸田，2009）に「ことばがはぐくまれるのに必要なこと」として5点が整理されています。①伝えたい相手のいる暮らし②伝えたいことのある暮らし　③自分の気持ちを表現しようとする意欲　④くみ取る・受け止める人の役割　⑤言葉や文字を使用した保育材の5点です。これらをアツシの姿にあてはめると，アツシから言葉が溢れた背景が整理できることに気がつきます。

保育者として，言葉で伝え合う機会を意図的に設けることはもちろん大切なことです。ただ，あまりに短絡的に直接的な機会を設けたとしても，真に子どもの言葉を育むことにはなりません。保育の中で安心して自分を表すことのできる状況があり伝えたいことがあること，伝えたい相手がいること，伝えることでもっと安心し楽しくなる経験・わかり合える経験が積み重なることが何よりも大切でしょう。

忙しい保育者は，ともすると子どもの不得手なことがらの場面でかかわることが多くなります。一生懸命に子どもの育ちを考えようとする保育者ほどそうかもしれません。しかし，そうではなく，子どもが安心できる雰囲気や状況の中でゆっくりと繰り返しかかわること，それが保育者や仲間への信頼感となり，不得手なことに取り組むきっかけや自信になるに違いありません。

〈文　献〉

戸田雅美（編著）　2009　演習 保育内容 言葉　建帛社

第 5 章

豊かに表現する力を育む
――表　現

小 宮 広 子

第Ⅰ部　乳幼児の発達を促す

　「表現」の領域では，他の領域よりも「感性」とのつながりを考えます。子どもは嬉しいときには，手足や体を動かして表そうとします。発達に応じて，自分の心の内にある思いや気持ちを，言葉や動きだけではなく，描く・作る・歌う・奏でるといった様々な方法を使って表すことにたどりつき，自分らしさを表現するようになります。しかし，子どもたちが「何を感じ，思い，どう考えるのか」は保育者には教えられないことです。保育者は，同年齢の子どもたちと繰り広げられる幼児期にふさわしい生活や遊びの中で，どのように，ひと・こと・ものと出会うことで，心が揺れ動くような体験につなげていけるのかを考えています。新教育要領・新保育指針の表現の内容取扱いでは，「風の音や雨の音，身近にある草や花の形や色など自然の中にある音，形，色などに気付くようにすること」と追記されました。子どもたちが直接的な体験の中で五感を働かせ，環境に目を向ける豊かさが積み重なり，感性が育まれていくと考えています。子どもが感じたことや表現することを，しっかりと受けとめることのできる保育者でありたいと思います。

1　豊かな表現

【事例5-1】　しゃぼん玉があるいてるよ！（2年保育5歳児9月）

　雨の一日。テラスにはしゃぼん玉で遊ぶ環境が用意され，遊びに興味をもった幼児六〜七人が遊び始める。大きいしゃぼん玉，小さなたくさんのしゃぼん玉が，飛んでいるのを見たA子は，「ここはしゃぼん玉王国だね，しゃぼん玉ってきれい！　いろんな色がみえるよね」と保育者に笑いながら話す。「私もしゃぼん玉王国に入れてもらおうかな」と保育者も遊びに加わる。B男が雨に向かってしゃぼん玉を飛ばすと「みんなみてー，しゃぼん玉が雨にぶつかってもこわれないよ！」と，驚いた表情で友だちに伝えている。ほどよい風も吹いていたので，しゃぼん玉はフワフワとした動きで空に飛んでいった。C男「ほんとだねー」B男「割れなかったね」と話しながら，しゃぼん玉がどこまで飛んでいくのか，その動きを友だちや保育者と一緒にしばらく眺めていた。

第5章 豊かに表現する力を育む——表現

しゃぼん玉とんだ　やねまでとんだ

ぶくぶくおもしろい！

屋根の上までも飛んでいった。その様子を見ながら「しゃぼん玉」の歌を担任が口ずさむと、一緒に歌う幼児もいた。雨で濡れたテラスにしゃぼん玉が半月の形になり、風に吹かれて横に動く様子を見つけたD子が「しゃぼん玉、あるいてる！」と叫ぶと、友だちが慌てて周りに集まってきた。「たのしい！　すごーい」と、友だちと顔を合わせて笑っていた。

　保育者は、「しゃぼん玉」の歌を歌う前に直接体験と結びつけたいと考えて、しゃぼん玉で遊べる環境を用意しました。A子は大小無数のしゃぼん玉が飛んでいるその様子から、自分が感じている遊びや場の雰囲気の楽しさを「しゃぼん玉王国」という言葉で伝えていました。B男は、雨に当たるとしゃぼん玉は割れてしまうだろうという思いもあったのでしょう。割れずに雨の中を飛んでいくしゃぼん玉を見て、えっ！　なんで！　と不思議に思った素直な気持ちを友だちや保育者に伝えていました。また、D子はテラスに落ちたしゃぼん玉が割れずに半月の形になったとき、「壊れる」のではなく、条件と偶然が重なり「動いた」という驚きやおもしろさに出会えていました。
　このしゃぼん玉の遊びでは、子どもたちがおもしろさや不思議さに出会い、揺れ動いた心の内を言葉や表情で表現したことにより、その楽しさを友だちや保育者と共有することができました。保育者のかかわり方を見ると、A子が「しゃぼん玉王国」という自分のイメージを素直に表現していた姿を温かく受けとめながら、同じ言葉を使って仲間の一人として遊びに加わっていきました。

また偶然にも、動くしゃぼん玉に出会えたその瞬間の喜びを一緒に共感しました。幼児の心が揺れ動き、気づき、感じたことを表現しようとする気持ちを温かく受けとめることは、幼児の豊かな感性を養う上では大切なことです。

【事例5-2】 なみだが出ちゃうんだよ！（2年保育5歳児5月）

　親子が一緒に遊びを楽しむ行事「遊びの会」は、学期ごとに一度行われている。6月の遊びの会では、時間の後半で「かぞくの会」を開いている。当日までに、学級全体で家族のことについて考える時間を作っていった。E男は「お母さんとお父さんと三人で、お布団で寝るのが嬉しいよ」F子は「お母さんに頭をポンポンってしてもらえるとき嬉しい！」と自分の気持ちを友だちに話す姿が見られた。保育者は家族と一緒にいられることの嬉しさを受け止めながら「いつもありがとうの気持ちを伝える歌があるの」と話し、オリジナル曲の「かぞくのうた」を、イメージがわきやすいように絵表示を使いながら歌う。歌い終わると、子どもたちから自然と拍手が起きた。「もう覚えたよ！」と、口ずさみはじめる子どもがいた。数日後に歌詞も覚えたので、友だちの顔が見えるように馬蹄形にして歌うと、G子が顔をゆがませていた。保育者が「Gちゃん、どうしたの？」と聞くと、「この歌を歌って、お父さんやお母さんありがとうって思うと、涙が出ちゃうの」と話してくれた。保育者は「悲しくなくても、嬉しかったり、あったかーい気持ちになったりすると涙が出るときがあるんだよね」と伝えた。

　遊びの会当日、大勢の家族の前で、「かぞくのうた」を歌う。G子をはじめ数人は涙を拭いながら歌い、その姿を見たお父さん、お母さんの中にも、ハン

「かぞくのうた」を歌う

かぞくの会

カチで目頭を押さえている人がいた。温かい雰囲気に包まれた時間になった。

　保育者は，子どもたちなりの家族に対するありがとうの気持ちを，言葉と同じように，歌を通じて表してほしいとも考えていました。歌の中には「ぼくのおうち，私のおうち，みんなみんな家族といっしょ，お父さんがいるお母さんがいる，だからおうちはぽかぽかあったかい，みんなが笑えば，とても嬉しい気持ちになる，いつまでもずっとずっと大切な家族」という歌詞があります（なお，ひとり親の家庭の子がいる場合は，歌詞を配慮しています）。子どもたちは家族の優しさや温かさを感じとっています。この歌詞がストレートに心に響いたようでした。G子が涙したことを笑ったりからかったりする友だちは誰一人としていませんでした。子どもたちが歌を通して自分を表現する姿を見て，保育者もこみ上げてくるものがありました。子どもたちに悲しいときにだけ涙が出るのではないことも伝えました。保育者は，歌の歌詞や正しいメロディを覚えこませるのではなく，歌詞のもつ意味を，押しつけすぎない程度に絵表示などを使って知らせることを大切にしています。なにより保育者自身が気持ちを込めた歌声は，子どもたちが一緒に歌いたいと思う気持ちにつながっていきます。この積み重ねが歌を通して自分を表現する楽しさを味わうことにつながっていくと考えられました。

2　子どもの見方・考え方

【事例 5-3】　おっきくなっちゃったねー！（2年保育 4歳児 5月）
　本園は 4歳児，5歳児の 2年保育である。4月に入園した 4歳児は，一日の流れもわかり，周りの環境にも目が向き始めた。同じ場で遊ぶ友だちにも興味を示したり，お面やマントなど，同じものを身につけたりするだけで，嬉しいと感じられるようになってくる。H男は，床で絵を描いていた。いんげん豆の種をまき，芽が出始めた時期だったこともあったのだろう，土から出た芽についている双葉のような葉を描いていた。保育者が「ぐんぐんっておおきくなる

第Ⅰ部　乳幼児の発達を促す

長くなっていった豆の木

のかなー」と話しかけると「ジャックとまめの木なんだよ，空までのびるんだ！」と言って，茎や葉を描きはじめた。小さな紙だったため，すぐに描き終えてしまった。保育者「もっとのびるのかな」H男「うん」という話の後に，保育者は同じ大きさの紙をその場でつなげてあげた。「わーっ」とH男は笑顔になり，また遊びはじめた。紙が少しずつ長くなるのを見て興味を示したI子やJ男が「入れて！」と仲間に入り，数人の子どもたちが，茎と葉っぱを伸ばしていった。長く延びた紙は数メートルにまでなった。
　H男は「すごーい，こんなにおっきくなっちゃったねー！」と，話していた。

　保育者はいつも，幼児が安定した気持ちで自分のやりたい遊びをしているか，落ち着いて過ごせる場になっているか，今，援助は必要なのか，そうでないのかを考えながら遊びや子どもたちの様子を見ています。この事例では，H男のイメージである空までのびるまめの木を描くということが実現できるように，紙をつなげていくという援助をしました。保育者の援助がなければ，A6の大きさ程度に描いて終わっていたと思いますが，「紙が小さければ，足すこともできる」という新しい描き方との出会いにつながったと考えられました。H男の描いている姿は，「楽しそう」「やってみたい」と，周りの友だちにも感じ取れたため，「入れて！」と一緒に同じ場で描くことが楽しめました。H男のまめの木というイメージと他の子どもたちのイメージが共通になっているわけではありませんが，自分のやりたいことがあり，同じ場で一緒に楽しんで遊んでいたことで十分だと考えられました。

第5章 豊かに表現する力を育む――表現

【事例5-4】 これでだいじょうぶだね（2年保育5歳児6月）
　本園では、園児が家庭から持ち寄った野菜くずを利用した生ごみリサイクルの土を使った元気野菜作りをしている。年少時の3月に親子一緒に作った土を使って夏野菜を育て、いよいよきゅうりが収穫第一号として採れそうな大きさになった。子どもたちは「もうとってもいいかなー」と嬉しそうに保育者に話してきたが、翌日の朝、K男とL男が職員室に慌てて走ってきて「園長先生、きゅうりこんなに食べられちゃった…」とがっかりした様子で見せてくれた。「わぁ、きれいに食べられちゃったね。おいしかったのかな、でもざんねん…」と話すと、「こんどはぼくたちが食べたいよね、どうしようかなぁ」と言って保育室に戻っていった。様子を見ると、友だち数人と保育者が集まっていた。
　M男が「棒に手と足がくっついたやつ…みたよ」N子は「それ、かかしっていうんだよ」と教える。「じゃ、かかし作ろうよ」と、六人で大きなかかし作りがはじまった。保育者は「雨に濡れても大丈夫かな」と伝えるとO子は「顔や洋服、ビニールがいいんじゃない？ 濡れてもやぶれないよね」と言い、K男が「そうだ、ビニールを使おうよ」と製作コーナーから必要な材料を持ってきて作りはじめた。L男は「ねぇ、目はいっぱいにしてこわいのにしようよ」と言って、廃材のガチャガチャカプセルをたくさんつける。かかしを作った子どもたちは、学級の集まりの

おっきいきゅうりできたよー。

畑の番人になったおばけかかし

91

第Ⅰ部 乳幼児の発達を促す

> ときに，なぜ作ったのかを話し，みんなで畑に運んで，畑の番人として飾った。L男が「このかかし，目がいっぱいあるから，おばけかかしって名前がいいな」と話すと「いいね，そうしよう！」と名前が決まった。翌日から，きゅうりが鳥に食べられることはなくなった。

　幼稚園で繰り広げられる毎日の生活では，じつにいろいろな出来事が起こるものです。楽しいことばかりではありません。「なんで！」「どうして？」「やだなぁ…」と思うことにも出会う場です。子どもたちが楽しみにしていた野菜が見事に食べられてしまったことからなんとかしたいという思いが生まれ，「かかし」を作ることにつながっていったのです。かかしのイメージを伝えたM男は，畑に立っているかかしを見たことを思い出し，このかかし作りとなりました。食べられてしまったことを残念に思うだけでなく，「何とかしたい」という思いをかかし作りにつなげたM男の言動は，他の幼児にはいい刺激になったと考えられました。また，一人では作ることが難しい大きなかかしを作ったことは，まさに協同した遊びとなっていったのです。保育者は，これだけ子どもたちの思いが込められたかかしを実際に使えるようにしてあげたいと思いました。保育者の言葉から，雨に濡れても壊れないようにはじめから適材を提示するのではなく，子どもたちがどうしたらいいのかを考えられるようにしていたことがわかります。出来上がったかかしは，雨に濡れても大丈夫な素材を使って作られました。もちろん難しい部分については，用務員さんの手もお借りしました。作った子どもたちだけで畑に立てることもできましたが，クラス全員でと考えたのは，K男の発案を友だちが受けとめて，みんなのためにかかしを作ったことを知らせたいという考えからでした。鳥は目がたくさんあるかかしを怖いと思うだろうと考えて，おばけかかしと命名したときの子どもたちの嬉しそうな笑顔がとても印象的でした。

92

第5章 豊かに表現する力を育む――表現

3 集団での表現遊び

【事例5-5】 ギターが作りたい！（2年保育4歳児11月）
　保育者は，子どもたちがいろいろな楽器にふれる機会がもてると考え，「山の音楽家」の歌を歌う。1番の歌詞に出てくるバイオリンは，実際のバイオリンの写真を見せ，音（CD）を聴かせ，身体表現をしながら歌ってみた。保育者は「弓を弾くと，きぃーって音が出るかな？」と聞くと，子どもたちは「出るよー」と腕を動かす動きを一緒にしていた。ピアノ，フルートを演奏する動きも表現しながら，友だちと一緒に歌っていた。遊びの時間にP子が，「私，ギターが作りたい」と言って，製作コーナーで作りはじめる。ティッシュの箱と，ラップの芯をつなぎあわせてギターの形を表していた。保育者が，「音が出るようにしたい？」と聞くと「うん！」と答える。保育者は，輪ゴムを見せて，「これでいい音が出ると思うんだ」と言って，箱に輪ゴムを伸ばしながら付けていった。P子がゴムを弾くと「わー出た！」と喜んだ。担任は，P子の作ったギターを学級全体に紹介し，「P子ちゃん，こんな素敵なギターが作れたんだよ」と認める。そして「山の音楽家」の歌詞をギターに替え「♬上手にギターを弾いてみましょう！」と歌う。クラスの友だちからも「P子ちゃん，作るの上手だね」と認められた。そして「ギター作りたーい！」「ぼくも！」「私も！」と，他の子どもたちが関心を寄せてきた。その後の好きな遊びの時間では，ギターやフルートを作る子が出てきた。そして，「音楽会をやろう」

ギターできちゃった！

みんなー，音楽会やりまーす。

93

第Ⅰ部　乳幼児の発達を促す

という考えが出て，椅子を並べ，お客さんに見せる遊びになっていった。

　子どもたちは，歌を歌ったり，動きを取り入れながら歌ったりすることを好みます。楽しいときは自然に体が揺れたり動いたりするのも幼児の特徴でしょう。歌詞からイメージがわきやすい「山の音楽家」は，よく歌われている曲です。P子の遊びは，歌のイメージから広がりを見せ，自分のギターを作りました。保育者の援助を受けながら，自分がやりたいことができたという満足感を味わうことになりました。やりたいことができる環境として，製作コーナーに廃材等を適宜用意しておくことは大切です。また，輪ゴムという素材が，物を束ねるだけではなく，音を出すものに変わったことで，いろいろな使い方があることを知ることにもつながりました。保育者はこのギター製作を，クラス全体に伝える機会を作り，新しい歌を披露し，みんなで楽しさを共有する時間を作りました。P子は，保育者から輪ゴムを提示されたことから，音が出るギターを作ることができ，ギターを弾くというイメージに近づけるための動きにつながっていきました。また，作ったギターを保育者や友だちから認められたことは，嬉しいという快感情になったことでしょう。他の子どもたちにとって，P子の音が出るギターはとても魅力的なものでした。翌日には「作りたい」という思いが実現できるように，使えそうな，イメージしやすそうな廃材を用意しておいたことで，楽器を作ることにつながりました。子どもたちが好む曲を自分たちで使えるようにカセットテープやCDを用意したことで，音楽会という遊びに発展していったと思います。

【事例5-6】　出てくる　出てくる！（2年保育5歳児5月）
　今年も園庭にあるとうかえでの木からは，てんとう虫の幼虫がたくさん見つかった。年長の子どもたちは木の周りに群がりながら幼虫を探して，容器に入れて育てていた。虫好きのQ男は「これてんとう虫の幼虫だよ」と友だちや保育者に話している。Q男は，友だち数人と一緒に，春の虫図鑑を見ながら，「これは，なみてんとうだね」「こっちはななほしてんとうだ！」と成虫の点

第5章 豊かに表現する力を育む——表現

の付き方の違いで名前が違うことに「なまえがあるんだね」と驚いていた。みかんの木で保育者が見つけたあげはの幼虫も、さなぎになり蝶になった。

　保育者は「ふしぎなポット」という歌を歌い、表現活動につなげていく計画を立てた。実際のポットを見せてイメージをもたせる。

てんとう虫がたくさんでたよ！

「ふしぎなポットは、なんでも出てくるんだって、なんでもってすごいねー、それもいっぱいだよ！　何がでてくると楽しいかな？」と話すと、「てんとう虫がいいなぁ」「わたしは、ちょうちょ！」「さかなもいいかな」と思ったことを話す姿が見られる。聴いていた周りの子どもたちは、「いいね、いいね！」と友だちの考えを受け入れ「シュッ　シュッ　シュッシュッシュ！」とポットから出てくる動きの擬音を動きと言葉で表現し歌い始めた。誕生会が近づいてきたこともあり、出し物として、「ふしぎなポット」のペープサートをしてお祝いの気持ちを表した。ポットから出てくるものを決めてからグループに分かれ、一人ひとりのイメージで描きあげていた。大きなポットから、たくさんのてんとう虫やちょうちょが歌とともに出てくるのはとても見ごたえがあった。

　園庭で出会えたてんとう虫の幼虫やあげはの幼虫は、成虫には似つかわしくないような姿をしていました。子どもたちにとっては、形態が変化し、てんとう虫、蝶になったことを間近でみたことは、かなりの驚きであったようでした。自然の不思議さ、面白さを言葉で表し合うと同時に、次はどうなるのか等を考えながら、子ども用の図鑑で調べたりすることにもつながっていました。小さな図鑑を囲んで頭をくっつけ合いながら、見ている子どもたちの姿はとても微笑ましいものでした。保育者はこの機会を逃さず表現活動の中に取り入れたいと考え、「ふしぎなポット」という歌を紹介しました。ポットから出てくるも

第Ⅰ部　乳幼児の発達を促す

のを考えるときに，子どもたちが，様々な発想で思いついたものが言葉で伝えられましたが，やはり「てんとう虫」「ちょうちょ」という考えがたくさん出てきました。遊びが生活に密着していることがわかります。子どもたちはポットから，次から次に出てくることを想像するだけでも楽しいのです。「シュッシュッ！」とポットから出てくる動きを取り入れながら歌っていました。実際のペープサートは，てんとう虫，蝶，さかななどがそれぞれのイメージで描かれ，誕生会当日の出し物で行ったとき，年少組の子どもたちは，次から次にテンポよくたくさんでてくる様子を「たのしいねー！」「いっぱいでたー」と喜んで見ていました。

4　配慮が必要な幼児へのかかわり

【事例5-7】　見て　見て　きれいだよ！（2年保育4歳児5月）
　入園前の面接時（五人の小集団での遊びの様子を見る）に，不安で母親から離れられないで泣いていたR男は，言葉などがやや緩やかに発達している幼児であった。入園前からの保護者の努力もあり，入園式までには排泄も自分でできるようになっていた。入園後は，特別支援教育支援員が配置されていることもあり，安定した気持ちになるまでにさほど時間を要することもなく園生活に慣れていった。気持ちが穏やかで笑顔がたくさん見られた。R男は，嬉しいことや，見てもらいたいことがあると「あそぼ！」「こっちきて！」と自分から手を握って連れて行こうとする。園庭に，名前もわからないような薄紫色の花が一輪咲いていて，その花を見せたくて保育者の手をとった。保育者がR男に誘われて連れて行かれる場所にはいつも花があり，R男は，花がとても好きなことがわかった。園庭の花や雑草を見つけたときに，保育者が「お花，きれいだね」と優しく語りかけると，R男はじっと花を見つめ，「きれいだね」と笑顔で言った。その後，遊んでいる様子を見に行くと，大きな手押し車の中に土を入れて，数種類の花や雑草を挿して遊んでいた。その後，手に持てる大きさのカップ容器に，その花を挿し替えて遊んでいた。保育者は，R男の挿した花のカップを，周りにいた年長児に「見て！　R男くんの飾ったお花どう？」と

第5章 豊かに表現する力を育む──表現

お花さがしに行ってくる。

R男が挿した花

R男からプレゼントされた手作りの花

聞いてみると,「わぁ,きれいだね!」と近寄ってきて花を見ていた。R男は花を見つけては,生けて遊ぶことを楽しんでいる。

　R男は,自分の思いを言葉で伝えることは,まだ十分できませんが,保育者は伝え方を知らせたり,その思いを汲んだりしながら気持ちを受け止めていきました。友だちとかかわる楽しさを感じられるような配慮をしています。
　入園してから,保育者との信頼関係を築きはじめ,R男の心が安定しているため,自分の好きな周りの草や花に目を向けられたことがわかります。R男の挿した花は,まさにR男の豊かな感性にふれる機会となりました。何よりその遊びを心から楽しんでいる様子が見られたのです。4歳児の遊びではありますが,その花は繊細であり,可憐で美しく見えました。百本の薔薇の花束よりも美しく見え,R男の優しさが伝わってくるようでもありました。R男が自分から花を友だちに見せるといった気持ちにはまだならないと考えられたので,保育者は周りにいた年長児に声をかけ,年長児に気持ちを表してもらえるように援助を行いました。いつの日か,R男が自分から友だちに「見て」「お花だよ」と話せるようになってもらえるように支えていきたいと思います。またR男の感性豊かな一面を,学級の子どもたちが,R男のよさとして認めていけるように,保育者が機会を捉えながら伝えていきたいと考えています。

97

第Ⅰ部　乳幼児の発達を促す

【事例5-8】　これ　あげるよ！（2年保育5歳児1月）
　好きな遊びの時間の後，S男は気持ちが落ち着かない様子であった。黒板のボードに書かれている一日の流れを確認しながら，次は，クラス全体での製作の時間とわかっていても，「まだやりたいよー，いっぱい遊んでないよー」と泣いて訴えていて，遊び足りないという気持ちがとても強く表れていた。2月に行われる生活発表会に向けての活動も入ってきていた。好きな遊びの時間の中で，自分のやりたい表現活動に参加していく時間もあるため，S男にとっては遊ぶ時間が短いと感じてしまっていたようだ。保育者の膝に顔を埋めていたS男の横に，T男が近寄ってきた。手には紙を握りしめている。「これあげるよ！　これ見てね」と，画用紙に一日の流れをサインペンで書いたものが渡された。T男も，支援が必要な幼児であった。S男は，出された紙を受け取り，保育者といっしょに「ありがとう」と伝えていた。

T男が書いた一日の流れ

　年長児にとって，就学に向けた節目の時期となりました。遊びを楽しみながらも，一日の見通しをもって友だちと一緒に生活を送れるようになってきます。しかしS男は，切り替えの難しさからときどき不安定さが見られました。「まだ遊びたい」「やめたくない」という気持ちを泣き崩れて表す姿を見て，T男は自分も同じ気持ちになったことがあると思ったのでしょうか。T男のとった行動は，まさに自分がしてもらって嬉しかったことをそのまま友だちに対して表していたように思えます。保育者の支援の一つとして，視覚を通して伝える絵表示のようなものを使うことがあります。また年長になると，ひらがながプラスされることもあります。個々の特性で，絵よりも文字の方が入りやすい子もいるからです。この時期保育者は，S男が気持ちの切り替えが難しいことを理解しながら対応していました。無理強いすることなく，S男の気持ちに添うことを大事にしていました。不安や不快を表したときには，まずその気持ちを

第5章 豊かに表現する力を育む――表現

受け止め,「いやなのよね」と共感するようなかかわりをしていました。そのような中で,予想もしないことが目の前で起こりました。T男が自分で考え,一日の流れを書いてS男に渡すという行動をとったことに,驚き,感動しました。配慮を必要とする子が,友だちとともに育ち合う場となるよう

花びらパーッ,楽しいね

にと,つねに考えながら保育を進めています。保育者がかかわるうえで様々な子どもたちがいますが,その子たち同士であっても同じです。「困っている人がいたら,自分にできることをしてあげよう」とする気持ちが育っていること,すなわち「自分がしてもらって助かったことや嬉しかったこと」は友だちにも先生にもしてあげようという気持ちにつながっていることがわかります。このような快感情を抱くことにつながる体験の積み重ねを,大切にしています。

〈文　献〉

花原幹夫（編著）　2009　新保育ライブラリ 保育内容表現　北大路書房

三森桂子・小畠エマ（編著）　2014　実践保育内容シリーズ 音楽表現　一藝社

無藤隆・汐見稔幸・砂上史子　2017　ここがポイント 3法令ガイドブック　フレーベル館

第Ⅰ部　乳幼児の発達を促す

❖第5章「表現」のまとめ
　——子どもなりのものの見方・考え方を大切に

　この章では，「幼児期の終わりまでに育ってほしい姿」のうち，「豊かな感性
と表現」について事例を通して述べていきます。

◆豊かな感性と表現
　心を動かす出来事などに触れ感性を働かせる中で，様々な素材の特徴や表現の
仕方などに気付き，感じたことや考えたことを自分で表現したり，友達同士で
表現する過程を楽しんだりし，表現する喜びを味わい，意欲をもつようになる。

　【事例5-1】で保育者は，クラスで「しゃぼん玉」を歌う場を設定する前に，
しゃぼん玉遊びの楽しさを体感させています。実際に体験することで，歌詞の
イメージが明確になったり，子どもが感動した気持ちを込めて歌ったりしたこ
とでしょう。

　幼児期には，一つひとつの場面が独立して存在するのではなく，子どもの生
活が連続性をもって展開されることが望ましいのです。また，表現領域の育ち
を見とる際には，表現活動の成果（作品）に注目するだけでなく，しゃぼん玉
のような遊びの中でも，子どもが遊び自体をどのように楽しみ，自分の思いを
表出しているかを積極的に受け止めることが大切です。

　【事例5-2】では，歌うという表現活動を通して，K子は，「この歌を歌っ
て，お父さんやお母さんありがとうって思うと，涙が出ちゃうの」と自分の中
に生じた感情に目を向けています。また，周りの子たちにも，K子の気持ちを
受け止められる心が育っています。このように心が動く経験の積み重ねが子ど
もの感性を育むといえます。

　【事例5-5】では，クラスで「山の音楽家」を歌ったことをきっかけに，好
きな遊びの場面で，楽器作りをする子が現れ，音楽会へと発展していきます。
ときに，この音楽会がさらに広がって「クラスみんなで音楽会をしよう」との
話がまとまり，生活発表会での演目が音楽会になることもあるでしょう。保育
は，集団の活動が個々の遊びに刺激を与えたり，個々の遊びがクラスの活動へ

第5章　豊かに表現する力を育む——表現

と波及していったりと，個々の遊びと集団の活動がつながりを保ちながら展開することが望まれます。

　また，この事例では，子どもたちは「山の音楽家」を歌うだけでなく，楽器を鳴らす身振りをしています。乳幼児期の遊びにおいては，音楽表現，身体表現，造形表現，言語表現といった表現内容が独立せずに総合的に生じることが多いのです。クラスでの活動においても同様に，様々な表現が融合した活動を取り入れることで，子どもの表現力もより豊かなものになります。

　幼稚園や保育所では，【事例5-7】【事例5-8】のように，クラスには配慮の必要な子どももいます。子どもたち全員が互いのよさを認め合い，互いの力を高め合いながら生活が送れるよう，担任保育者は支援員の職員らとともに細やかな配慮をしています。家庭と連携を図り，よりよいかかわり方を保護者とともに考えたり，保護者の不安を少しでも取り除けるようにかかわったりすることを心がけています。また，専門機関との連携を図り，その子の状態を的確に把握し，より適切な支援を行う等，協働して保育を進めるシステムも整ってきました。

　新しい教育要領・保育指針では，遊びを中心とした総合的な指導を大切にし，その中で，生きる力の基礎を育むために，「知識及び技能の基礎」「思考力，判断力，表現力等の基礎」「学びに向かう力，人間性等」という三つの資質・能力を一体的に育むことが求められています。

　集団生活の場である幼稚園・保育所では，個々の成長を丁寧に見とり，その成長を保障することを基盤として，グループでの遊び，クラス全員での活動等，様々な人間関係の中で一人ひとりが主体的に活動したり，友だちと相談しながら目標に向かって協同的に取り組んだりする態度を育むことを大切にしています。また，保育者が教え込んだ知識・技能ではなく，自らの経験にもとづいて知識・技能を獲得し，その知識・技能を多様な人間関係の中で活用できる力が必要とされています。この「非認知的能力」と呼ばれる資質・能力を育むために，豊かな園環境を計画的に整え，子どもの主体的な活動の場を保障し，気づきや学びを促せるような援助を心がけることが大切なのです。　　（井口眞美）

コラム6　子どもの想像力と創造力と自己治癒力という魔法
馬見塚珠生

　言葉の発達途上にある子どもたちが，自分の思いや気持ちを伝えるのに，様々な表現をすることは自然なことです。絵を描いたり，ものを作ったり，ダンスをしたり，ごっこ遊びをしたり。子どもたちは，楽しい，うれしい，しあわせな"いい気持ち"も経験します。それをのびのびと絵に描いたり，全身でダンスをして表現してくれることでしょう。ですが，子どもはいつも"いい気持ち"ばかりを経験しているわけではありません。つらい出来事や，小さな傷つきによる"いやな気持ち"も経験しています。それも同じく大事な気持ちです。本来，それらを子どもは遊びや様々な表現の中で癒し，自分のものとして統合していく力＝自己治癒力＝魔法をもっているのだと言えます。ですから，大人の役割は，それを安心して安全に表現させてあげること，それを見守ることだと言えるでしょう。
　とくに災害や事故等の被害といった圧倒的な出来事に遭ったときに，子どもたちは様々な症状を示します。そのとき大事なのは，子どもの心をトラウマから守るために，その思いを安全に表現させてあげること，それが子どもたちの回復を助けるということは，多くの災害後の心理ケアが証明してきています。
　ヴァン・デア・コーク（2016）は9.11テロ後にノームという男の子の描いた絵のことを紹介しています。「彼は何かを描き足していた。建物の下に黒い丸がある。…訊いてみると『トランポリン』という答えが返ってきた。…『なぜ？』…『今度，人が飛び降りなくちゃならなくなったとき，安全なように』…言語に絶する破壊行為の惨事を目撃したばかりの5歳の男の子は，自分の目にしたものを想像力を使って処理し，再び人生を歩み始めたのだ」。
　桑山紀彦（2011）は，東日本大震災後の宮城県名取市で心理社会的ケアを早期に開始したときのことを報告しています。小学4年生の子どもが，「砂に埋もれた街」を箱庭で表現しました。「動物たちが多く登場します…人間はみんな倒れています。…中心に神社と鳥居，そこに吠えている虎が置かれていました」。そして子どもは言います。「これはね，動物たちが人間を食べてしまった街。人間はみんな動物に食べられちゃった。でも一匹の虎が神社にお願いしてるんだ。人間たちを復活させてくれって」。人間の無力と同時に，この子もまた，トランポリンを描いたノームと同じく，「復活への願い」を想像力を使って創造し，表現することで自ら悪夢と夜驚の症状を回復させていきました。

コラム6　子どもの想像力と創造力と自己治癒力という魔法

　乳幼児期は，大きな圧倒的な出来事ではなくとも，たまたま起きた小さなできごとが子どもに大きな不安を引き起こし，小さいトラウマとなってしまうことがよくあるのです。たとえば，肉がのどに詰まって咳き込んだ経験後，給食が食べられなくなったり，先生が大きな声で子どもを叱責するのを聞いてから，登校できにくくなったりして，保育カウンセラーや学校カウンセラーのところを訪れる子どもたちにはしばしば出会うことでしょう。反面，ジョアン・ラベット（2010）によれば「乳幼児期は，試して失敗し，そして最後には成功するということの，繰り返しにみちてい」ます。「このため通常，子どもたちには自らの力への強い自覚があり，自己中心性と健康的なナルシシズムを備えてい」ます。「これが勇気を必要とする，この時代の子どもを支えている」のです。

　同書でラベットが紹介している4歳のアーロン。園庭の滑り台で遊んでいたとき，勢いついたお友だちが上からおっこってきて足を骨折します。足は治ったのですが，身体のあちこちが動かないと訴えるようになり，困って両親が相談に来ます。園庭の滑り台遊びという「害のない」活動が，前触れもないまま危険の潜むものに変わってしまったという経験に，4歳児はとても混乱していたのです。治療経過の中でアーロンは，自分が安全でいるのを助けてくれる「ぼくの毛布」「幼稚園の先生，ママとパパ，おじいちゃんとおばあちゃん，おばさんとおじさん，お医者さん」に守られていることを想像できるようになり，「自分の身体がとても強くて，自分の傷を自分で上手に治すことができる」という自己治癒力への信頼等を取り戻すことができるようになっていきます。そして，最後には，思い出すのも怖かった痛みと向き合う過程を遊びの中で表現します。「おもちゃの飛行機を持ち上げて，砂の中に墜落させて，…砂の中で覆い，『これは修理できたんだ』…修復が完成すると，飛行機を空中に飛ばして，『全部治ったんだ』と宣言します。」

　子どもたちを助けるものは，子どもたち自身の中にある想像力と創造力，遊びの力。それと同時に必要なのは，そうした自らを回復させる魔法の力を信じて寄り添い，魔法の力を強めてくれるような大人の存在なのでしょう。

〈文　献〉

桑山紀彦　2011　人としての愛情を注ぎこんだ「共感」「同感」を──被災をバネ
　　に立ち上がっていく心に支援するために　子育て支援と心理臨床，**4**，44-49.

ラベット，J.　市井雅哉（監訳）　2010　スモール・ワンダー　二弊社　pp. 17,
　　167-189.

ヴァン・デア・コーク，B. A.　柴田裕之（訳）　2016　身体はトラウマを記録す
　　る　紀伊國屋書店　pp. 88-90.

第Ⅱ部

心理臨床を保育に活かす

第6章
保育に活かすカウンセリングマインド

辻河昌登

第Ⅱ部 心理臨床を保育に活かす

　本章は，保育者が保育に活かすためのカウンセリングマインドがテーマです。カウンセリングマインドの定義には様々なものがありますが，本章では「相手の心に寄り添いながら，その人の気持ちや考えをしっかりと傾聴し，共感的に理解しようとする態度」と定義します。

　保育者が日常の保育で主にかかわるのは，子どもとその保護者です。そこで，以下ではまず，子どもやその保護者の訴えを理解するうえで必要とされる，基本的態度とかかわり方のポイントについて述べます。そしてさらに，保育の中で子どもと遊ぶ上でのかかわり方や保護者の支え方のポイント，特別な支援が必要な子どもへのかかわり方のポイントについて紹介し，最後に，一個の人間存在とかかわり合う上でのカウンセリングマインドについて，筆者の考えを論じます。

1 子どもやその保護者とかかわる上での基本的態度とかかわり方のポイント

（1）基本的態度

　保育者が子どもやその保護者とかかわる上で必要不可欠な態度として，以下に示すロジャーズ（Rogers, C. R.）が創始した来談者中心療法の基本的態度があります。これはカウンセラーのみならず，保育者やその他の対人援助職に従事する，すべての人にあてはまる態度であると考えられています。

　その基本的態度には，以下の三つがあります。ここでは，ロジャーズが「クライエント（来談者）」にかかわる上での「カウンセラー」の態度として述べたことを，「子どもやその保護者」にかかわる上での「保育者」の態度に置き換えて述べます。

①無条件の肯定的関心

　これは子どもやその保護者の抱いている感情に対して，評価的にならずに肯定し，あるがままに尊重しようとする態度です。

②共感的理解

これは子どもやその保護者の抱いている感情をありのままに理解し，それを保育者自身があたかも自分自身のものであるかのように感じようとする態度です。こうした相手の感情に巻き込まれない感じ方が「共感」であり，相手の感情に巻き込まれてしまう「同情」（たとえば，相手の話を聞いていてもらい泣きするようなこと）とは異なるものです。

③自己一致

これは子どもやその保護者の話を聞いた際に，保育者が自分自身の心の中で起こった感情に忠実であろうとする態度です。保育者が相手に対してネガティヴな感情を抱いた場合は，それを否定したり，歪曲したりしないで，どうしてそのような感情が起こったのかについて吟味する必要があります。

＊

このような基本的態度の効用として，諸富（1999）は，「自分〔子どもやその保護者〕のありのままがほんとうに大切にされ，認められ，受け入れられる関係が築かれるならば，そのとき，内なる〈いのち〉の働き（実現傾向）が自ずと活性化し発揮され，新たな気づきを生じて建設的な人格変化がもたらされる」と説明しています（〔　〕内は筆者による補足）。子どもやその保護者は，保育者のこのような基本的態度によって癒され，日常生活の様々な困難に取り組むようになります。

（2）かかわり方のポイント

保育者は上記の三つの基本的態度にもとづいて，次のようなポイントを押さえながら，子どもやその保護者にかかわることが求められます。

①受　容

子どもやその保護者の発言にしっかりと耳を傾け，「うん，うん」「なるほど」などと応答しながら気持ちを受け止めます。こうした傾聴的態度によって，相手の心の中に積極的に相談しようという感覚が芽生えます。

第Ⅱ部　心理臨床を保育に活かす

②反射・明確化

　保育者が子どもやその保護者の話を聞いて理解したことについて，「○○くんは，～と思ったのね」「お母様としては，～とお考えなのですね」などと要約して伝え（反射），相手の感情や考えを明確化します。こうした反射・明確化を続けているうちに，相手は「この先生は自分のことをわかってくれる人だ」という気持ちを高めていきます。

③質問による非指示的リード

　子どもやその保護者は自己の感情や考えを抽象的な表現で語ることもあり，保育者はそれらを理解しにくいことがあります。そういう場合，「いま，～って言ったけど，それをもう少し詳しく教えてくれる？」「『あの子の行動にむかつく』とのことでしたが，具体的にはどんな行動に対してなのですか？」などと質問します。相手はこれに応えることによって，保育者と感情や考えを共有できるだけでなく，相手自身もそれらを明確化でき，一層自己理解を深めることができます。

＊

　保育者はこのような三つのポイントを押さえながらかかわることで，子どもやその保護者との間に「ラポール」と呼ばれる信頼関係を形成し，必要に応じて励ましや助言・指導を行うことが求められます。

2　子どもと遊ぶ上でのカウンセリングマインド

（1）子どもの葛藤が表現されるものとしての遊び

　多くの大人は日常生活での葛藤について，それを話すことによって解消しようとしますが，子どもはやりたいことをやること，つまり，遊ぶことによって解消しようとします。自分の気持ちを言葉で表現するのが未熟な子どもであればあるほど，この傾向は強いと言えるでしょう。そのため保育者は，上述した基本的態度でもってかかわり方のポイントを押さえながら子どもと遊び，子どもの言動からその子の特徴を理解していきます。このようなかかわりは，カウ

110

ンセリングの分野では「遊戯療法」（プレイセラピー：play therapy）と呼ばれるもので，それを保育に活かすためのポイントを以下に紹介します。

（2）遊び方の8原則

遊戯療法を保育に活かすためのポイントは，ロジャーズの来談者中心療法の立場で遊戯療法を行っていた，アクスライン（Axline, V. M.）（1947/1977）の8原則が大変参考になります。

①信頼関係をつくる（原則1）

まず，子ども自身に「自分は大事に扱われているのだ」という感覚をもってもらい，信頼してもらうことが大切です。

②気持ちを受け止める（原則2）

通常の遊びではよくないとされている行動（一緒にゲームをしていてずるいことをするなど）が現れた場合，それをすぐに禁止するのではなく，子どもがそのように行動したくなった気持ちを受け止めます。

③おおらかな雰囲気をつくる（原則3）

遊びの場面では，原則として，子どもの行動をほめたり，叱ったりしないことが大切です。そうすることで，子どもは保育者の評価を気にせず，自由に自分の気持ちを表現するようになります。

④気持ちを読み取り，言葉で伝える（原則4）

とくに，問題を抱えている子どもの日常生活では，保護者に自分の気持ちに寄り添いながらそれを読み取ってもらい，読み取ったというメッセージを言葉で伝え返してもらうといった体験に乏しい，ということがあります。そのため，保育者が子どもとの遊びの中で，「ああ～，○○ちゃん，うまくいかなかったねえ～。がっかりだね～」などと言って，読み取った気持ちを言葉で伝えることが有効です。

⑤子どもの能力に敬意を払う（原則5）

子どもには本来，自分の力で問題を解決する自己成長力が備わっているものです。そのため，保育者はその能力に敬意を払い，子どもが問題行動を起こし

第Ⅱ部　心理臨床を保育に活かす

た場合でも，まずその行動の意味を熟考した上で，その行動の責任は子ども自身にあることを，本人が少しずつ理解できるように援助することが大切です。

⑥子どもに主導権を握らせる（原則6）

　子どもの中には，日常生活で周囲の人から「ああしろ，こうしろ」と指示されることに慣れてしまい，受け身的にしか遊べない子がいます。そのような子どもでも，保育者が子どもの自己成長力を信じて主導権を握らせ，指示しないでかかわっているうちに，徐々に自分の意思にもとづいて遊べるようになっていきます。

⑦子どもの変化を焦らずに待つ（原則7）

　自分の気持ちを意のままに表現できない子どもを担任した場合，保育者はなんとか早く表現できるようにしてあげようと思うものです。子どもの自己成長力は大人よりも大きいものですが，やはり変化にはいくらか時間を必要とします。子どもの問題が深刻であればあるほど，長い時間を要します。そのため，保育者にはその子どものペースに応じた変化を尊重し，焦らずに待つことが求められます。

⑧必要に応じて制限する（原則8）

　子どもの中には友だちの持ち物を壊したり，ときには暴力を振るったりする子がいます。こうした行動をとりたくなる気持ちを保育者が熟考し理解することは大切なのですが，その気持ちをすべて受け入れるわけにはいきません。してはいけないことをきちんと教える必要があります。そうすることで，子どもはしてもよいこと，してはいけないことを少しずつ学んでいくからです。また，このような制限を設けることは，子どもが「相手を傷つけてしまった」という罪悪感を覚えるのを防ぐためにも必要で，そうすることが結局，子ども本人を守ることにつながります。

3　保護者を支えるためのカウンセリングマインド

　筆者が保育カウンセラーとして活動していたのは，ちょうど自分自身も幼稚

園に通う我が子たちの育児に悪戦苦闘していたころでした。そのためか，勤務園で子どもたちを観察するときにはいつでも，日々の多難な子育てにおいてなされる，保護者の努力奮闘に思いを馳せるのが常でした。保育者にしても，保護者にしても，今この子に必要なかかわりは何なのだろうか？　と，日々心を砕きながら子どもにかかわるものです。それは意識的にというよりも，むしろ保育者や保護者としての，本能的ないしは無意識的な形でなされる献身的な営みであると言えるでしょう。

（1）子どもへの発達促進的なかかわり

　子どもの心の発達には，何よりもまず，乳児期のそのような保護者の献身的な営みを通した，親子間の基本的な信頼感の形成が重要となります。子どもの心はその感覚を基盤にしながら発達し，幼児期には自分の欲求を表現し，そしてそれを自らの力で律しながら主体性を育んでいくことになります。保育者や保護者に求められるのは，このような子どもの「自律性」と「主体性」を育てるための発達促進的なかかわりであると言えるでしょう。上述した基本的態度やかかわり方のポイントは，発達促進的なかかわりのためには大変有効なものであると考えられます。

　さて，ここで言う「発達促進的なかかわり」とは，子どもの欲求を読み取って，それを可能な限り充足させようとするかかわりのことを指します。しかしながら，こうしたかかわりは「可能な限り」しかできず，うまくいかないことが往々にしてあることも事実です。

　「人間には対人関係の数だけ人格がある」と言われるように，かかわりをもつ相手によって子どもたちの振る舞う姿は様々です。幼稚園では年少組の子どもたちの前で「年長組のお兄さん」としてしっかりした姿を示す子どもでも，自宅に帰ると保護者の前では「赤ん坊（アカン坊?!）」のようになるといった例は，よく見聞きします。後者の例では，たとえば，子どもが泣いたりわめいたり，わがままを言い放題だったりなど，どうしようもない状態になることがあり，そのような状態に対して保護者は強いいらだちを感じます。まさにこの

113

第Ⅱ部　心理臨床を保育に活かす

ときにこそ，保護者は親としての器量が試されるのであり，そのようないらだちに耐えながら，子どもに粘り強くかかわり続けることが求められます。けれども，これは至難の業です。

（2）「ほどよい保育」と「ほどよい育児」

　ここで，ときおり耳にする「ほどよい保育」や「ほどよい育児」といった言葉について考えてみましょう。これは保育者や保護者にとってはある意味，救いの言葉です。すなわち，この言葉には，「保育者や保護者は子どもに対して欲求充足的なかかわりができるときばかりではなく，そうしたかかわりに失敗することが多々あり，それは避けられないことである」といった含意があります。またそこには，「子どもに『何でも自分の思い通りにいくわけではない』といった世の中の現実を体験してもらうことも必要であるから，かかわりに失敗することはある程度必要なのだ」といった含意もあります。つまり，欲求を充足させてもらえるときばかりでなく，充足させてもらえないときもあるのだということ，そのことを子どもに経験してもらうことが「ほどよい保育」ないしは「ほどよい育児」であり，このことこそが「発達促進的なかかわり」ということになると思われます。

　蛇足かもしれませんが，保育者や保護者が欲求充足的なかかわりに失敗しすぎている状態は「ほどよい」とは言えず，やはり，欲求充足的なかかわりがそうではないかかわりを凌駕している状態が，「ほどよい」と言えるでしょう。

（3）保護者からの相談への応じ方

　保護者は育児にまつわる葛藤について，まずは担任の先生に相談したくなるものです。たとえば，保護者が放課後，担任の先生に電話をして相談したり，子どもの送迎時に先生を呼び止めて立ち話をしたりすることがよくあります。

　保育者がこのように保護者からの相談を受ける際，保護者の中には，育児書やインターネットで子育ての困難に対する「正解」を求めてもうまくそれが得られず，保育者に「どうしたらいいのですか？」と頻繁に解決策を質問してく

114

第6章　保育に活かすカウンセリングマインド

る人がいます。そのとき保育者は、まず保護者の今までの取り組みを尋ね、その語りをしっかりと傾聴した上で、保護者の苦労をねぎらうことが大切です。そして、たとえば、「一般の育児書の通りにやってうまくいかなかったわけですから、今度からはお母様と私とで、○○くん専用の育児書を編み出せるように、一緒に考えていきましょう」などと言って、子育ての主役である保護者を支え続ける気持ちを伝えておくとよいでしょう。これによって、保護者との信頼関係を築くことができます。

　保護者の相談を受ける際、とくに子育ての経験のない保育者の場合、子どもの育ちを見通しにくいため、保護者の子育てに関する質問に自信をもって答えられない、といった不安にさいなまれることがよくあります。そのとき、先輩の保育者に相談したり、保育カウンセラーが勤務しているなら保育カウンセラーに相談したりして、信頼できる人に力を貸してもらうことが大切です。

　筆者の保育カウンセリング活動の中で、保護者からもっとも多くなされた相談は、先述した、園で年少組の子どもたちの前では「年長組のお兄ちゃん」としてしっかりした姿を示す子どもが、帰宅後は母親の前で泣いたりわめいたり、わがままを言い放題だったりするので困る、といった類のものでした。これについて、保護者は日々の家庭での悪戦苦闘ぶりを筆者に語り、その後、筆者とともに子どもの行動の意味を検討していました。

　このころの子どもが、たとえば、母親の前で泣きわめいたり、わがままを言ったりした場合、母親がいらだちを感じながらもそれにしっかりと耐え、子どもの気持ちを受け入れることができるならば、子どもは「母親はそういう自分に対していらだつけれども、やがてまた自分をしっかり世話してくれるのだ、自分を見捨てたりはしないのだ」といった確信をもつようになります。また、たとえば、年長組の子どもが赤ん坊である弟と同じように甘えてきた場合、「年長組さんになっても、ときどき赤ちゃんみたいになりたくなるのよね」と甘えを受け入れてあげることが望まれます。

　保護者のこのようなかかわりが可能になるのは、その保護者自身も誰かから精神的な支えを得ており、わずかながらでも心に余裕がある場合です。そうし

115

第Ⅱ部　心理臨床を保育に活かす

た精神的な支えを得ようとして，我が子について相談するのは，多くの場合，まずは担任の保育者です。そのため，保育者がしっかりと保護者を支えることが，結果的には子どもの育ちを支えることにつながります。

4　特別に支援が必要な子どもとかかわる上での　　カウンセリングマインド

　多くの子どもは，クラスの中で保育者の指示を理解し，それに従って活動することができます。そのような子どもたちの場合は，今まで述べてきたような基本的態度やかかわりのポイントを押さえてかかわっていれば，その子なりのペースで順調に成長していくものです。しかしながら，言葉を用いて保育者やクラスメイトとコミュニケーションがとれないといった問題がある場合は，特別な支援を要します。

　保育者たちの中には，このような「問題がある」子どもの症状や行動を医学的な診断名でラベルづけし，それらをできるだけ早く取り除こうとする人が散見されます。そのような保育者は，目の前の木だけを見て森全体を見渡していないがごとく，子どもの症状や行動にばかり注目し，その子どもの全体像に注目したかかわりが不足していることがあります。

　ここで，筆者が保育カウンセラーとしてかかわっていた幼稚園における，医療機関で自閉症と診断されたＡ男についての保育実践の事例を取り上げ，特別に支援が必要な子どもとかかわる上でのカウンセリングマインドについて検討します。なお，本事例については，プライバシー保護を目的として，本質に深くかかわらない部分は大幅に改変していることをお断りしておきます。

（1）Ａ男の事例
　Ａ男は年少組への入園当初，名前を呼ばれても振り向かず，自分の興味のあるミニカーで一人黙々と遊び続けるなど，他者とかかわろうとする様子がうかがえませんでした。1学期の間，担任の先生はＡ男の行動を尊重しながら，

116

第6章　保育に活かすカウンセリングマインド

「今日もＡ男くん，そのミニカーで遊んでいるねえ。そのミニカー，好きなんだねえ」などと言葉がけを続けていました。すると２学期には，Ａ男はその先生の方へ寄って行ったり，目を合わせて先生の言葉がけを聞いたりするようになりました。３学期には，少しずつ先生からの指示が通るようになり，それに応じてクラスメイトと同じように行動できることも増えてきました。また，クラスメイトが楽しく遊んでいるのをじっと見つめることもありましたが，一緒に遊ぶ姿は見られませんでした。Ａ男のことを心配する母親は，以前からの園長先生や担任の先生からのすすめもあり，Ａ男が４歳になった時点で医療機関を訪れました。そして，そこでの発達検査の結果，発達年齢が２歳５か月の自閉症と診断され，「幼稚園では，自分の要求を示せるような能力を獲得させることを目標にして，かかわってもらうといい」との助言を受けました。

　Ａ男は年中組となり，新学期でも新しいクラスの中でパニックになることはなく，興味のあることに関しては集団の中に入っていこうとすることもありました。４月も下旬となったころ，中堅保育者である新しい担任のＢ先生と加配保育者のＣ先生から，保育カウンセラーとして勤務しはじめた筆者に相談があったため，Ａ男へのかかわりについての話し合いを行いました。Ｂ先生とＣ先生は，４月当初から毎日のようにＡ男についての話し合いを行っていました。その結果，二人はＡ男が生活しやすい状況をまず整える必要があると考え，そのための方針として，以下の四点を意識して取り組んでいるとのことでした。
①言葉がけを多くしながら，保育者とＡ男との間で信頼関係を築く。
②一度に一つのことだけに集中して取り組めるように，保育室のすべての棚にカーテンをかけ，玩具などの刺激物を見えないようにする。
③通園かばんの置き場所をＡ男がわかりやすい場所に変更する。
④言葉だけでは理解できないため，写真を提示したり，身振りで示したりする。
　これらの四点は，二人の先生が前担任からの引き継ぎの情報を念頭に置き，そして新学期からＡ男に試行錯誤してかかわりながら編み出した方針であったため，筆者はこれらの方針を尊重しました。そして，「先生方が，Ａ男が生活しやすい状況を整えながら，そしてＡ男といろいろな形でコミュニケーション

117

第Ⅱ部 心理臨床を保育に活かす

を取りながら，関係を築いていこうとしておられるのがよく理解できました。
年少から今までの変化を考えると，先生方のこのような方針でのかかわりに
よって，彼のペースで少しずつ集団に加わっていくことが期待できるのではな
いでしょうか」とコメントし，今後もＡ男へのかかわりを一緒に検討していき
たい旨を伝えました。

　Ａ男は，遊びに関して，４月当初はクラスメイトから誘われても応じません
でしたが，５月末ごろからクラスメイトの遊ぶ姿を目で追ったり，まねて遊ん
だりするようになりました。また，二人の先生が集団遊びに加わるように促す
と，一時的には加わりましたが，すぐに集団から外れて一人遊びをしていまし
た。着替えに関しては，４月当初は加配保育者のＣ先生が終始着替えさせてい
る状態でしたが，５月から着替えの固定位置を床の上にテープで囲んで示し，
その位置でＣ先生が着替えの工程表を見せて伝えることを続けていると，夏休
み前には，Ｃ先生が横について声を掛けると，自分で工程表を見ながら落ち着
いて着替えるようになりました。

　２学期に入るとＡ男は，年少時からＡ男を登園時に保育室まで連れてきてく
れていた，同じクラスの女児Ｄ子とかかわりをもつようになりました。たとえ
ば，室内に掲示してあるクラス写真の中のＤ子を見つけ，Ｄ子にも一緒に見る
ように誘ったり，Ｄ子が座って遊んでいる横に座りに行ったりするようになり
ました。すると，そのような姿を見ていた周りのクラスメイトたちがＡ男に関
心を示すようになり，Ａ男を遊びに誘ったり，全体での活動の際にＡ男が理解
できずにいると手助けをしたりするようになりました。クラスメイトたちは自
分たちの手助けによってＡ男が理解できるようになったことを喜ぶなど，Ａ男
の成長がクラスメイトの喜びとなっていきました。しかし，ときにはクラスメ
イトの思いが強すぎて，Ａ男に過剰にかかわり，Ａ男がパニックを起こす場面
も見られました。その際は，二人の先生がＡ男に対するかかわり方について，
クラスメイトに「見守ることも大切である」旨をわかりやすく伝えると，見守
ろうとする姿も時折みられるようになりました。

　学年末である３学期の終わりごろ，保育者となって２年目であった加配保育

者のＣ先生は，以下のように感慨深そうに語りました。

　「Ａ男が成長できるような環境を整えることが大切であることがよくわかりました。Ｂ先生から，『私たちやクラスの子どもたちが，Ａ男とかかわることで，Ａ男とともに成長していけることが大事』と言われてきましたが，本当にそうだなと思います。Ａ男もそのほかの子どもたちも日々成長している姿を見るのがとても嬉しいです」。

（2）考　察
①症状を抱えながら生きる「人間」とかかわり合うこと

　Ａ男の事例については，年中の担任となったＢ先生と加配保育者のＣ先生とが，Ａ男の年少時の様子や発達検査の結果を参考にしながら，１学期の当初からＡ男の様子を観察していました。そして，日々のかかわりの中で信頼関係を築きながら，そして試行錯誤して様々な工夫を重ねながら，Ａ男とクラスメイトとの相互交流が起こる土壌を耕していました。すると，Ａ男はＢ先生の指示に応じて動ける姿も見られ，２学期にはクラスメイトからのかかわりにも応じるようになり，Ａ男とクラスメイトとの関係は相互交流的なものになり始めました。このことは，二人の先生や登園時にＡ男を保育室まで連れてきてくれていたＤ子のかかわりによって，Ａ男に他者への関心と基本的信頼感が育まれ，それらを基盤としながら，Ａ男は対人関係をその他のクラスメイトたちとのかかわりに広げ始めたものと推察されます。

　ここで注目すべきことは，この保育実践では，二人の先生たちには「特別支援教育」をしているといった意識はなく，二人ともその他の子どもたちに対するのと同様に，目の前のＡ男に対してよりよい保育をすることだけを考えていた，ということです。つまり，Ａ男の「自閉症」という症状に対処しようとしていたのではなく，彼とかかわりながら行動を観察し，彼の援助ニーズを理解し，その理解にもとづいて彼にかかわり，そして彼の反応を観察してその理解を再検討する，といったように，園生活に苦戦している「Ａ男」という一個の人間存在とかかわり合っていたということです。

第Ⅱ部　心理臨床を保育に活かす

　この事例は，「症状」や「行動」にかかわるのではなく，症状を抱えながら生きる「人間」とかかわり合うことの大切さを学ばせてくれる，すばらしい事例であるといえるでしょう。

② 「制約が最小限の環境」を整えること

　ところで，米国の「障害者教育法」(Individuals with Disabilities Education Act：IDEA) という法律は，誕生から21歳までの教育について，障害を抱えている人たちにとって「制約が最小限の環境において」，彼らに「適切な教育」を「無料で」提供することを保障しています（バーンズ，2004）。「制約が最小限の環境」という言葉の「環境」には，物理的なものだけではなく，対人関係的な支援も含まれています。

　A男の事例の保育者たちが医師から受けた助言である「自分の要求を示せるような能力を獲得させる」という配慮についてですが，二人の保育者たちはA男にそうした能力を「獲得させた」というよりも，むしろ「自分の要求を示せるようになる場を物理的にも対人関係的にも整えた」，つまり，「A男が生活する上での『制約が最小限の環境』を整えた」という方が表現としてはふさわしいと考えられます。そうした場を整えたことで，保育者たちやクラスメイトたちとの対人関係の中で，A男の「自分の要求を示せるような能力」が発現していったものと思われます。

　さらに，A男が言葉だけでは理解できそうにないことについて写真を提示して伝えたり，着替えについては工程表を作って見せたりなど，これらのアイデアは，保育者たちがA男とのかかわり合いの中で，試行錯誤しながら体験的に編み出していったものであったことが意義深いと考えられます。今回の保育者たちは障害者教育法の詳細を知っていたわけでもなく，特別支援教育の本を読んでいたわけでもありませんでした。近年，発達障害児への対応マニュアルのようなものが現場に出回っており，マニュアルに書かれてあることを金科玉条のものとして使用しようとする保育者が多い昨今ですが，筆者はこの保育者たちが試行錯誤し日々悩み続けながら行っている実践を見聞きする中で，同じ対人援助職に携わる者として，大変感銘を受けました。

第6章　保育に活かすカウンセリングマインド

　中堅保育者である担任のＢ先生は，Ａ男を含めたクラスメイト同士の相互交流によって両者がお互いに成長し，それにかかわる保護者や保育者もともに成長していくものである，といった保育理念をもっていました。Ａ男へのかかわりは，このような確固たる保育理念に裏打ちされたものでした。また，この園には園全体に，「関係」を育む保育をするといった保育理念がしっかりと根付いていました。二人の保育者たちは，そうした土壌に支えられていたことも，堅実な保育実践を遂行できた遠因となったと考えられます。

5　一個の人間存在とかかわり合う上での
　　カウンセリングマインド

（1）「どの人もすべて何よりもまず端的に人間である」

　筆者は今までに「発達障害児」や「精神障害者」と称される方たちに出会うことが多かったのですが，その実践の中でいつも思い浮かんでいたのは，サリヴァン（Sullivan, H. S.）（1953/1990）の「人類同一種仮説」と呼ばれる「どの人もすべて何よりもまず端的に人間である」という言葉です。結局，「障害」とみなされるかどうかは，その症状や行動に関する程度の差にすぎず，そして，その差は時代や社会や文化によって大きくもなり小さくもなるものです。保育の世界で行われる特別支援教育においても，子どもたちの症状や行動にのみかかわるのではなく，まずはかけがえのない一個の人間存在にかかわるといった姿勢を再確認したいものです。

（2）互恵的なかかわり合いを意識すること

　保育実践の報告を聞いていると，保育者（支援する者）が子ども（支援される者）に対して有効なかかわりを施す，といった，ともすれば上下関係に陥りがちな，一方向的なかかわりが強調されることが往々にしてあります。この点は保育者の人間観や保育観が問われるところでしょう。

　今回取り上げた二人の保育者は，自分たちは子どもに支援する者であると同

121

第Ⅱ部 心理臨床を保育に活かす

時に，子どもに学ばせてもらう者であり，「ともに成長していけることが大事」であるといった，双方向的な「かかわり合い」をする意識が鮮明でした。「子どもにかかわる」といった上から目線のかかわりよりも，「子どもとかかわり合う」といった互恵的なかかわり合いを意識することが，すなわち，一個の人間存在である子どもに敬意を払うことでもあり，カウンセリングマインドの基本的な態度の一つとして重要なものであると考えられます。

〈文　献〉

アクスライン，V. M.　小林治夫（訳）　1947/1977　遊戯療法　岩崎学術出版社

バーンズ，S. K.　2004　アメリカの特殊教育——教育再考 16　発達教育，1月号，30-31.

諸富祥彦　1999　ロジャース　弘中正美・濱口佳和・宮下一博（編著）　子どもの心理臨床　北樹出版　pp. 52-65.

サリヴァン，H. S.　中井久夫他（訳）　1953/1990　精神医学は対人関係論である　みすず書房

122

コラム7　何かになる，その手前のところ
　　　　　　──子どもとのプレイセラピーから

久保田美法

> アリは／あんまり　小さいので／からだは　ないように見える
> いのちだけが　はだかで／きらきらと／はたらいているように見える
> 　　ほんの　そっとでも／さわったら／火花が　とびちりそうに…
> 　　　　　　　　　（「アリ」　まど・みちお（2005／初出：1974））

　4歳の女の子Aちゃんとのプレイセラピーの一場面。クレヨンを手に画用紙に向かって描き始めたとき，それを見ながら筆者が〈何だろうなぁ…○○かな〉と言うと「ちーがーう！」〈□□かな〉「ブッブー！」というやりとりの後，Aちゃんは「何を描いてるかはねぇ…まだ考えてない！」と言い，描き終わって「これはねぇ，＊＊でした！」と言いました。

　できあがった「＊＊」は，筆者が言った「○○」や「□□」と，そう遠いものではありませんでした。しかし描いている最中，Aちゃんにとって，それは「ちーがーう！」だったのでしょう。Aちゃんはクレヨンで画用紙に向かいながら，"あらかじめ心に決めたものを描く"よりも，"描くこと"あるいは"描きながら何かが現れてくるプロセス"そのものを楽しもうとしていたのではないか，と気づかされる出来事でした。

　詩人のまど・みちお（2005）は，「私たちは，"あ，モンシロチョウか"と思った瞬間，たいていは分かったような気になってその対象を見るのをやめてしまう。アリや菜の花と呼ばれていたものの存在そのものを感じたいと思うなら，名前にとらわれない方がいい。名前を離れ，自分の五感すべてを使って，名前の後ろに隠れているものそのものの本質に少しでも近づきたい」と語っています。

　Aちゃんは，大人が忘れがちな「名前の後ろに隠れているもの」，形のないものが「何かになる，その手前のところ」に触れる体験そのものの意味を，本能的に知っていたのかもしれません。もちろん，子どもはたくさんの名前を覚えていく必要がありますし，新しい名前を知ることにも喜びを感じます。しかし，この場面では筆者が少し先走りして，Aちゃんに見事に切り返されたように，こちらが何かをしなくても，十分にそのプロセスを楽しめば，Aちゃんは自分でちゃんと絵を描きあげ，それに名前をつけることもできました。

　とはいえ，なかなか「形ができて名前をつける」ようにはならない子もいます。

第Ⅱ部　心理臨床を保育に活かす

　4歳の男の子Bくんは，しばしば「工事中」と言い，プレイルームいっぱいにお
もちゃを広げ，それらをみな"ゴミ収集車"に吸い込ませたり，ブロックでお家
を作っては「最後はこう！」と嬉々として蹴散らして帰っていきました。また箱
庭（砂の入った箱に様々なミニチュアのおもちゃを自由に置いていくことができ
るもの）にミニチュアの"大仏"や"マリア像"などをぽんぽんと置き，それら
を何か神聖なものと感じているようでありながら，すぐに「これは神様のエ
サ！」と言って，"ガスタンク"を大仏の前に置いたり，"大きな木"（これも何
か心のよりどころになるようなイメージもあるでしょうか）を"クレーン車"で
宙づりにしたりしました。このように，出来上がりかけのものが突然壊されたり，
何か大切だったものの価値が急に落ちたり，宙ぶらりんになる。そこにはBくん
の基盤の不安定さがうかがわれましたが，しかし一気に崩すことを楽しんでいる
ようにさえみえたBくんの姿には，どこか爽快さも感じられました。Bくんは一
体何をしていたのでしょうか。

　Bくんはあるとき"大仏"に向かって「これはからっぽ！　中身だけ！」と言
いました。これはとても不思議な言葉です。「からっぽ！」は，大仏を"見かけ
だけ"と笑っているようですが，「からっぽ」とは普通は「中身がない」ことを
指す言葉でしょう。Bくんは「からっぽ！」に次いで「中身だけ！」と確信を
もって言いましたが，それは言い間違いのようには聞こえず，筆者にはそこに何
か一片の真実が隠れているようにも思われました。

　Bくんのこの言葉は「なぞなぞ」のようなものだったかもしれません。「なぞ
なぞ」とは「①ことばの中に他の物事を含ませ，何ぞ何ぞと問いかけて答えさせ
る遊戯。なぞ。なぞかけ。②遠回しにそれと悟らせるように言うこと。」（広辞苑
第六版）です。それと意識していたわけではないでしょうが，Bくんはいろんな
ものがひっくり返る遊びを重ねながら，その先に一心にまなざしているものが
あったことを，この「なぞなぞ」は示していたようにも思います。

　子どもは自分が心の底から必要としているものを，自分で知っています。大人
の目には「混沌」にみえる表現にも，その子が生きたいと切に願っている"いの
ちのかたち"は潜んでいます。それを信じて，それが現れるよう，じっくりと，
その子が生きている世界をともに生きること。かたちが形をなしてくるよう，そ
れをしっかり受けとめる場を用意すること。心理臨床が大切にしている姿勢です。
プレイセラピーでは，子ども自身がまさに「何かになる途中」の存在であるゆえ，
それがなおさら求められているように思います。

〈文　献〉
まど・みちお　2005　いわずにおれない　集英社 be 文庫

第 7 章

子どもへの理解と対応
―― 保育者・保護者面接と子どもの観察

吉田 弘道

第Ⅱ部　心理臨床を保育に活かす

　心理・行動上の問題をもっている子どもであっても，あるいは発達に障害が
ある子どもであっても，保育者や保護者が適切に対応するためには，その子ど
もが，どのような家族の中で，どのように育ち，どのように発達して，どのよう
な特徴をもっているのかについて，丸ごと知っている必要があります。言い換
えると，発達の流れの中でその子どもを理解し，発達の脈略において，子ども
の変化を考えることになります。本章では，主に保育カウンセラー等の心理臨
床専門職が子どもを理解する方法として，保育者と保護者から話を聞く方法と，
保育場面で子どもの様子を観察する方法について見ていくことにします。話を
聞く方法の中では，情報を集めるポイントと話の進め方，そして，理解したこ
との整理の仕方と理解の伝え方についてもふれます。子どもの観察方法では，
観察するポイントを示すことにします。最後に，子どもへの対応方法について，
園や家庭での対応と，遊びを通しての対応について簡単にふれることにします。

1　子どもを丸ごと理解する

　私たちが子どもを理解するには，子どもの発達の基本的な原則を知っておく
必要があります。発達の基本的な原則とは，発達は連続した一連の流れの中で
生じるということです。したがって，現在の子どもの状態を理解するには，過
去から現在までの発達の脈略の中で，子どもの成長過程を詳しく見ていくこと
が大切です。現在までの子どもの成長過程を全て理解した上で，現時点におけ
る子どもを丸ごと理解したいと思います。

　このような発達の脈略の中での理解は，子どもが，心理・行動上の問題を
もっている子どもであっても，言葉や知的能力，社会性の発達面で遅れがある
子どもであっても，あるいは両方をもっている子どもであっても変わりません。
たとえば，「○○障害」と診断されているＡくんについても，「○○障害のＡく
ん」ではなくて，「○○障害をもっているＡくん」を理解したうえでかかわり
たいと思います。専門家の中には，「○○障害」であることを理解しているた
めに，「○○障害なのでそのような行動をするのです」といって済ましてしまう

126

第7章　子どもへの理解と対応──保育者・保護者面接と子どもの観察

人がいます。しかし，それでは，「Ａくん」を理解したことにはなりません。また，障害に特異的な行動であったとしても，その行動が出現するときには，Ａくんなりに理由があり，その行動をする意味があることを忘れてはなりません。

2　保育者・保護者から話を聞く

　子どもがなぜそのような困った行動をしているのかについて知るためには，保育者や保護者から話を聞いて，子どもについてたくさんの情報を集めることが大切です。筆者はいろいろな子どもに出会い，保育者や保護者と一緒にかかわるときには，その子どもが，どのような家族の中で，どのように育ち，どのように発達して，どのような特徴をもっているのかについて，全て知りたいと思います。このことについては，すでに「丸ごと理解したい」と書きました。この想いは，子どもに発達の障害があってもなくても同じです。そして，全てを知ったうえで，ある特徴をもっている子どもが，なぜ現在，このような心理・行動上の問題や発達上の特異な行動を示しているのかについて理解して，かかわりたいと思っています。

（1）子どもについての悩み・状態から聞く

　話を聞いて集める情報については，表7-1に示しました。

　まず，子どもについての悩み・状態から話を聞くようにします。これは当然のことであり，保育者や保護者の方も，まず話を聞いてほしいと思っている事柄だからです。現在の状態について，具体的に話していただくようにします。たとえば「落ち着きがない」ということについても，どのようなときに，どのように行動するのか，どのようなときは比較的落ち着いているのか，落ち着きがないことによって子ども本人はどんな点で困っているのか，あるいは，保育者や保護者はどんなところで困っているのか，園で落ち着きがないのか，あるいは家庭でもそうなのか，などについて話していただくようにします。

　保育者の中には，子どもがクラスの中で問題を起こしており，何とか対応し

127

第Ⅱ部　心理臨床を保育に活かす

表7-1　保育者・保護者から集める情報

①　子どもについての悩み，状態について
　　　　保育者や親が子どものことで困っていること，気になること
　　　　　　言葉や課題への取り組み等，心理発達のこと
　　　　　　落ち着きがない，乱暴，交わりが少ない等心理・行動上の問題のこと
　　　　心理・行動上の問題，およびその発生時期，きっかけの有無
　　　　子どもの状態の変化，子どもの発達や心理・行動上の問題に対する保育者や保護者の対応
②　家にいるときの生活状態
　　　　困ったこと以外に，親子がどんな生活をしているのかについて確認する
　　　　寝る時間，起きる時間，親子が一緒に遊べる時間，しつけの仕方
③　家庭や園の環境
　　　　家庭：子どもと母親・父親・きょうだいとの関係
　　　　　　　母親の仕事の忙しさ，夫婦で話す時間，子育てに対する父親の協力
　　　　　　　家族の病気，新しいきょうだいの妊娠・誕生
　　　　園：担任との関係，担任の異動，仲間との関係，園の環境・雰囲気
④　子どもの生育歴について
　　　（ア）出生時の様子
　　　（イ）発育状態，病気の有無
　　　（ウ）運動発達
　　　（エ）知的発達
　　　（オ）親子関係・アタッチメントの発達と質，きょうだいや家族との関係
　　　（カ）友だち関係
　　　（キ）生活習慣

　ようとしているにもかかわらず一向に問題が改善しないため，疲れ果てている
方もいるかもしれません。熱心な保育者ほど困り感は強いといえます。同じく，
保護者の中にも，子どもが園で問題を起こし，あるいは，家庭でも親子の関係
がぎくしゃくしているため，ほとほと困り果てている方もいるかもしれません。
したがって，面接では子どものことを教えていただくのですが，同時に，保育
者や保護者の大変さをねぎらう気持ちももちながら，接することが大切です。
　一方で，保護者の中には，子どものことについてあまり心配しておらず，園
が悪い，と思っている方もいるかもしれません。そのような保護者の方と接す
るときには，まず，保護者が感じているどうしてこのような面接を受けなけれ
ばならないのかという不満や疑問について，じっくりと話を聞く必要がありま
す。仮に面接が続かないことがあったとしても，よく話を聞いてもらえたとい
う体験は，保護者が本当に手助けを必要とするときに役立ちます。

128

第7章　子どもへの理解と対応——保育者・保護者面接と子どもの観察

（2）生活状態と環境

　子どもが家にいるときの生活状態について，知っておくことは大事なことです。寝る・起きるの生活リズムは，子どもの機嫌に大きな影響を与えます。親子が一緒にゆっくりすごせる時間についても聞いておきたいことです。

　家庭や園の環境についても，知っておくようにします。母親の仕事の忙しさ，家族の病気，新しいきょうだいの妊娠・誕生は，家庭環境に大きく影響し，子どもに心理的動揺を与えるきっかけとなります。同じく，担任との関係，担任の異動，クラスの雰囲気などの園の環境も，子どもに影響を与えます。

（3）生育歴の聞き方

　生育歴は，子どものことを理解するために，とても重要な情報です。生育歴について話を聞くときには，表7-1に挙げた項目に従って，一つひとつ順番に話を聞いていくやり方はあまり役に立ちません。保育者や保護者が子どものことを話したら，その話した内容をより深く理解するために質問し，その質問の中に，表6-1の中にある項目を含めていくようにします。そのやり方の方がより探求的であり，保育者や保護者の積極的な態度を引き出すことにつながります。

　たとえば，5歳の子どもの友だち付き合いのことが話されたら，「どのように遊んでいますか」と具体的に尋ねます。さらに，「そのような友だちとの遊び方は，いつからですか」と聞き，その後で「では，3歳のときはどのように遊んでいましたか」とさかのぼっていくようにします。親子関係についても同じ方法で尋ねていくようにします。「今どのように甘えてきますか」，「赤ちゃんのころはどのように甘えてきましたか」などと尋ねながら，子どもが幼かったころの親子関係を親が情緒的に思い出せるように対応できるとよいと思います。

（4）歩調を合わせて，一緒に理解する

　子どもを理解することは，保育カウンセラーが一人で一方的に行うものではありません。保育者や保護者と一緒に力を合わせて，理解するために探求する

129

第Ⅱ部　心理臨床を保育に活かす

ことが大切です。そのためには，子どものことについて保育者や保護者から話を聞くときに，保育カウンセラーは，保育者や保護者になぜそのことを尋ねるのかがわかるように伝えながら話を聞くとよいでしょう。たとえば，「子どもがイライラしやすいというときには，疲れているとか，睡眠時間が短いとか，何か不満があるとか，いろいろなことが関係しているのですが，何か最近の様子で気がつくことはありますか」などと尋ねて，教えてもらいます。

（5）理解の整理と伝え方

　保育者や保護者と一緒に集めた情報については，表7-2のように，発達領域ごとに，発達の時間軸に沿ってその時々の子どもの状態を書きだすとわかりやすいです。また園には，入園時からの成長の記録が残されていますので，その記録を参考にして，あるいは，これまでに担任をした先生から話を聞いた情報も加えて，表7-2のような表を完成させると，保育カウンセラーと保育者，保護者が理解していることを共有できます。さらに，表7-2は，子どものことを，発達の流れに沿ってみることができるので，現在の状態を発達の流れとして理解し，どのように対応したらよいのかを考える手助けになります。

　ところで，子どものことについて理解するためには，保育者や保護者と一緒に情報を集める過程で，お互いに協力がなされていると，理解したことを整理して伝える場合でも話がしやすいです。また，理解したことを伝える場合には，それまでに一緒に集めた情報や，保育者や保護者が話した言葉を使いながら伝えるようにすると，理解を共有しやすいです。さらに，発達の流れの中で子どもの状態を説明することも，保育者や保護者の責任であるとする誤解を避ける上で役立ちます。

　説明の例ですが，たとえば，「Bちゃんは，お母さんのお話だと，小さいころからあまり甘えてこないお子さんだったということですが，最近下の妹さんが生まれてから，お母さんに甘えたい気持ちが強くなったようです。けれども，もともと甘えたことがなかったので，どうやって甘えていいのかよくわからないようです。それで，お母さんの気を引こうとして，いたずらをするのかもし

第7章　子どもへの理解と対応——保育者・保護者面接と子どもの観察

表7-2　発達整理の例

気になる点：思い通りにならないと床に額を打ちつけて泣く（1歳3か月くらいから），視線を合わせることが少ない，単語の「ママ」，「パパ」，「わんわん」をそれとなく言う，他児への関心が弱く一緒に遊ばない

	親との関係・保育者との関係	友だち関係・遊び	言　葉	運動面・生活習慣・社会性	保育者の対応
入園時 9か月	朝つれてきたとき母親はただ置いていった 　迎えのときに母親が近づくと泣きながら離れていた 　保育者に寄って来ることはなかった 　何かしてほしいと訴えてくることはなかった	他児には興味がなかった 　口に物を入れてしゃぶっていた 　おもちゃで遊んでいることはなかった	喃語は出ていた 　保育者に関心がなくまねすることはなかった	お座りはさせればするが自分から起きあがって座ることはなかった 　横になったらそのままでいた 　はいはいの姿勢はいやがった 　離乳食は口に入れれば食べていた	抱かれることをいやがるので静かに体と腕で包み込むように抱くことを心がけた 　名前を呼んでやった 　ガラガラなどのおもちゃを関心を引くように動かして触らせた 　担当保育者を決めて対応した
検討開始時 1歳 11か月	迎えのときに母親に近づいていくが抱かれることを求めない，母親も抱かない 　保育者が名前を呼んでも振り向かない，保育者に近づかない 　思い通りにならないと額を打ちつけて泣くことがみられるようになった	他児には興味がない，ただし0歳児には関心をもち近づいていく 　乳児と同じようにベビーラックに入りたがる 　積み木やブロックをしゃぶっている	ママ，パパ，わんわん，を独り言のように言っている 　絵を指差すことはない，絵を見て言うことはない，絵の注視は弱い 　お手手ぱちぱちの模倣はしない	1歳5か月から歩き出したがしっかり歩いている感じがしない 　積み木を三つ積む 　食事のときには周りを見ずに食べ物だけを見ている，手でつかみ口に入れてすぐに呑み込む	それまでと同じかかわりを続けるとともに，子どもの言葉に反応してまねすることを増やした（保育者からの模倣） 　泣いたら要求の表現ととらえ，気持ちを理解して応じるようにした
現在 2歳半	母親が抱くようになった，子どもも近づいて抱かれるようになった 　まだ決まった保育者に心を寄せているわけではないが，抱かれることは好きになった，呼ばれると振り向くことが増えた 　泣くことが増えた	自動車のおもちゃに興味がわき手に持っている，押して遊ぶ 　他児が遊んでいると見ているようになった 　自分よりも年下の子どもに興味がある	単語の数が10くらいに増えて，相手に伝えようという気持ちも見られるようになった 　リズム遊びにまだ参加できないが周りで見ていてまねしようとする気持ちが見えてきた	手すりにつかまって階段を上がるようになった 　積み木を八つ積む 　食事のときに他の子の食べている様子を見ている，自分が食べ終わると「ない」といって見せる 　保育者の様子を見ながらわざといけないことをする	抱かれることが好きになったので，保育者の方も楽しい 　人や他児への関心が前よりも強くなってきているので，その気持ちを理解して，他児を見る機会，触れる機会を増やそうとしている

（出所）　吉田（2014）を一部変更

第Ⅱ部　心理臨床を保育に活かす

れません。園でも，先生の気を引こうとする行動が増えているようです」など
と話します。あるいは「Cちゃんは，これまで自分一人の世界に入っていて，
周りの子どもたちの様子を見ていなかったのですが，先生のお話では，最近自
分の世界から出始めて，周りの子どもたちにも関心をもつようになっているよ
うで，それで泣いている子どものことが気になるようになって，それで近づい
ていって泣いている子をたたくのかもしれません」などと言います。

3　子どもの観察

（1）遊び場面の観察

　子どもを理解する方法には，これまでに述べたような保育者や保護者から話
を聞いて子ども理解を進める方法以外に，園の中で生活している子どもを様々
な場面で観察する方法があります。まず遊び場面について，観察するポイント
を見ていくことにします。

①発達理解の視点

　子どもが遊んでいる様子から発達状態を把握するためには，観察するポイン
トを知っておく必要があります。観察ポイントを知る方法としては，これまで
に行われている，発達障害児の研究が役立ちます。それらの研究では，遊びの
分析を通して障害児の発達状態を理解することと，遊びを使って発達援助を行
う立場から研究が行われています。表7-3は，象徴遊びの発達段階を分析し
た研究の例です（松島，1989）。第1段階と第2段階は，感覚-運動的遊びの
段階です。第3段階は，物の機能が理解できている遊び，つまり機能的遊びの
段階です。第4段階は，象徴能力までは行っていませんが，物の機能を理解し
て二つの物を遊びに使っています。第5段階は，象徴能力を使っている遊びで，
第6段階は，見立て遊びを現しています。どちらも象徴的遊びの段階ですが，
第6段階の方が二つの見立てを使えていますので，レベルは高いといえます。
この表7-3で示している観察のポイントは，感覚-運動的遊びか，機能的遊
びか，象徴的遊びか，象徴の機能は見立て遊びまで進んでいるか，そして連結

132

第7章　子どもへの理解と対応——保育者・保護者面接と子どもの観察

表7-3　遊びの観察ポイント

段階	カテゴリー	例	解　説
1	感覚－運動的（単一のおもちゃ）	• コップをトントン打ち付ける • お皿やケーキを落とす • スプーンを手のひらにつける	使う物の機能を理解できていない
2	感覚－運動的（結合）	• 両手にコップを持って打ち付ける • お皿にポットを打ち付ける	使う物の機能を理解できていない
3	描写的（単一のおもちゃ）	• スプーンを口の中に入れる • ケーキにかみついてお皿に戻す	使う物の機能を理解できている
4	描写的（結合）	• お皿の上にケーキをのせてからケーキにかみつく	二つの行動が結合されている
5	描写的（空想の支え）	• コップの中にスプーンを入れて掻き回した後，スプーンを口の中に入れる	象徴的能力が見られる。一連結
6	二重の知識	• 積み木に棒を付けて，その棒をスプーンに見立てて口にもっていく	見立て行動が二つの事物に関して同時に生起している

（出所）　松島（1989）（解説の部分は筆者が加筆）

はどうか，です。この段階の後にさらに，「構成的遊び（プラレールなど，物や材料を配列，レイアウトして構成的に遊ぶ）」と「描写（子どもが描いたものを命名し，何を描いているのかが保育者にわかる）」の段階を加える見方もあります（小山，1994）。つまり，象徴的遊びとして，さらに上の段階を調べるために，この「構成的遊び」と「描写」も観察ポイントとして使えることになります。

　ごっこ遊びに関しては，表7-4のように段階づけしている研究もあります（今野，1983）。この表の第4段階と第5段階は，単一行為のごっこであるか，複数の行為を連結しているごっこであるかを区別し，ごっこ遊びの発達を見るのに興味深いポイントを示しています。さらに，人形遊びについて段階を整理したものに藤野（2002）の研究があります（表7-5）。この表では，「受動的他者」の人形遊びであるか，それともさらに進んだ「能動的他者」の人形遊びであるかに注目するポイントを示しています。

②遊び場面での保育者とのかかわり

　遊び場面では，保育者とのかかわりに注目して観察することも必要です。表

第Ⅱ部　心理臨床を保育に活かす

表7-4　ごっこ遊びの段階

段階	カテゴリー	例
1	探索的遊び	物をなめる，振る，たたく，落とす，投げるなど
2	関連づけ的遊び	・物理的性質による 　二つの物を打ち合わせる，ある物を他の物の中に入れる ・使用法による 　スプーンをカップの中に入れる，枕をベッドの上に置く
3	自己対象的ごっこ	・スプーンやカップを用いて飲むふりをする，自分の髪の毛をくしでとかす，人形の椅子に座る
4	単一行為によるごっこ	・人形＋事物 　スプーンやカップで人形に食べさせる ・人形のみ 　人形を抱きしめる，人形を歩かせる，人形をジャンプさせる
5	系列的ごっこ	・同一行為 　まず人形に食べさせ，次に自分に食べさせ，さらに大人に食べさせるなど一連の遊び ・テーマによる系列 　就寝：枕をベッドの上に置き，人形をベッドに寝かせ，人形にシーツをかける

（出所）　今野（1983）

表7-5　象徴遊びの発達　脱中心化の観点から

段階	遊びの例	正常児の通過年齢
自己対象	スプーンやカップを用いて飲むふりをするなど，象徴を自己に向けている	1歳台前半で8割が通過
受動的他者	人形に食べ物を食べさせるなど，他者を自己の行為の受け手とする	1歳台後半で過半数，2歳台前半にはほとんど通過
能動的他者	人形を手にもって，歩かせたり，座らせたりするなど，他者を行為の主体として振る舞わせる	2歳台前半に過半数，2歳台後半にはほとんど通過

（出所）　藤野（2002）に従って筆者が整理

7-6は，保育者と遊んでいる場面における，子どもの行動の分析例です（小山，1994）。遊びが発展する前の，基本的な子どもの行動を取り上げているので，人とのかかわりが少ない発達障害児の遊びの発達を見る際に適しています。「保育者が注視している事物を注視する」や「保育者が指さす対象を注視する」「保育者の遊ぶ様子を見ている（観察学習をしているかのように）」は，遊

134

第7章　子どもへの理解と対応——保育者・保護者面接と子どもの観察

表7-6　遊び場面での対人・コミュニケーション行動

- 保育者が注視している事物を注視する
- 保育者が指さす対象を注視する
- 子どもからの自発的指さし
- 保育者の遊ぶ様子を見ている（観察学習をしているかのように）
- 要求行動（遊び場面での保育者への要求行動）
- 保育者への愛着行動
- 保育者に，自分が手にしたものを見せる
- 保育者に，自分が持っているものや拾ったものを手渡す
- 動作模倣
- 保育者の言語模倣
- 言語指示に従う（それ持ってきて，それ片付けて，など）

（注）　わかりやすくするために簡略にしているところもある。
　　　　「養育者」を「保育者」に変更してある。
（出所）　小山（1994）に従って筆者が整理

びの発達へとつながる重要な観察ポイントといえます。

③心理的特徴の視点

　遊び場面では，遊びの発達特徴について観察するだけでなく，心理的特徴についても観察することが必要です。いくつかのポイントについて触れることにします。

　集団の中にいるときに，その子どもがどの位置で動いているのかについて観察することが大切です。たとえば，子どもたちの集団の中心領域にいるのか，それとも，中心から離れた外側の領域を動いているのかで，子どもの仲間関係のもち方の違いがわかることがあります。中心領域にいる子どもは，仲間との心理的距離が近く，身体接触や交流も多くみられます。それに対して，外側の周辺領域にいる子どもは，仲間との付き合いに慎重であり，何らかの理由で交流を避けているといえます。また，中心領域にいる子どもは，他児との接触を恐れていませんし，適度に攻撃性を現すことができていることも多いです。それに対して，外側の周辺領域を動いている子どもの中には，他児との接触を恐れており，自分がもっている攻撃性をわずかであっても表出することに困難を感じている子どももいます。攻撃性は積極性の発揮とも関係していますので，適度な攻撃性については，ポジティブな側面として注目したい点です。このよ

135

第Ⅱ部　心理臨床を保育に活かす

うな攻撃性の表現に慎重な子どもについては，自動車遊びやブロックで作ったピストルや刀をどのように使うかを見ていると，攻撃性に対する特徴が，もっとよくわかります。

　ところで，このように，他児との接触を恐れており，自分がもっている攻撃性をわずかであっても表出することに困難を感じている子どもは，色鉛筆やクレヨンで絵を描くときに，筆圧が低いという特徴をもっていることもあります。指先の運動機能の発達状態も確認しますが，微細運動の機能が悪くない場合には，なぜ筆圧が低いのかについて考えることが必要です。

　そのほか，自分を囲うようにブロックや絵本を並べ，その内側に入っている子どももいます。不安が強いので自分の領域を囲って，そこに入って，安心しているといえます。やがて，この子どもが，ブロックをまたいで出てきて遊び始めたり，あるいは，ブロックを取り去って遊び始めたりしたなら，それは，不安が軽くなったので，自分の領域にこもっていなくてもよくなったことを表していると理解することができます。

（2）その他の観察場面

　遊び場面の他に，食事場面の観察も子どもの様子を見るには，とてもよい機会です。食事場面では，スプーンや箸などの食具を使う食べ方の発達をみることができます。このときの手先の運動発達は，鉛筆やクレヨンを使って絵を描くときの手先の発達と関連させながら，子どもの様子を理解するのに役立てることができます。また，食べることには，子どもたちの心理発達の状態も反映されます。保育の集団での食事場面では，自我の発達に関係する好き嫌いの表現，物事を心の中にためておく自我能力と関係する余った食べ物を残しておく行動，などが見られます。これらの点について詳しくは吉田（1998，2008）をご参照ください。

　食事場面では社会性の発達の様子も見ることができます。他児と味覚を共感しようとして「おいしい？」と聞くことや，「おいしいね」と言うこと，食べ物の情報を共有しようとすること，あるいは，食べ終わるまで座っていること

136

第7章　子どもへの理解と対応——保育者・保護者面接と子どもの観察

などです。他にも，自己主張や保育者との関係の発達をみることができます。これらの点について詳しくは佐々木（1998）をご参照ください。

　食事場面の他に，保護者のお迎え場面は，保護者と子どもとの関係を把握するのにとてもよい機会です。保護者に急いで抱き着いていく子ども，近くまで行くが保護者にさわらない子ども，それまで元気に遊んでいたのに，保護者が迎えに来たことをわかっていながら他のことを始めてなかなか保護者のところに行かない子どもなど，いろいろな行動をする子どもがいます。これらの行動からは，アタッチメントの質を理解することができます。詳しくは吉田（2015）をご参照ください。

4　子どもへの対応

（1）園や家庭での対応

　保育者や保護者との面接や子どもの観察を通して，生まれてから現在までの子どもの成長過程が理解でき，現在の状態はどのような発達段階にあるのか，あるいは，現在の行動はどのような意味をもっているのかを理解できたら，対応について具体的に話し合うことにします。このとき，表6-2に示したそれぞれの発達領域ごとに考えていくと，対応についての話し合いがわかりやすく進みます。

　たとえば，周りの子どもに急に抱き着いたり，泣いている子どもを見るとたたきに行く行動が最近見られるようになった子どもについて，これまで周りの子どもに関心がなかったので，子どもたちとのトラブルがなかったのだが，子どもたちにようやく関心を示すようになったからであると理解されるとします。このように理解されると，現在行っている行動は，たしかに困った行動ではありますが，しかし，この子どもにとっては，さらなる発達へと向かう段階で生じているプラスの意味をもつ行動であることがわかります。それなら，この子どもに，他児との付き合い方を教えてやったらよいことになります。保育者は，「遊びたいときは，そっとさわるのよ」とか，「○○ちゃんは泣いているの，

第Ⅱ部　心理臨床を保育に活かす

だからいい子いい子してあげてね」，または，「あの子が泣いているのであって，あなたには関係ないの」などと，他児とのかかわり方を教えてあげることができます。

　あるいは，保護者を困らせている行動が，じつは甘えたいのだが，どう甘えていいのかわからないことによる行動であると理解されたなら，どのように相手をしたら子どもは甘えてきやすいのかと，その対応方法を考えることになります。たとえば，「お子さんが好きなおもちゃで遊んでいるときに，そばにいて見ていてあげるようにするのはいかがでしょう」「膝に乗ってきたら，よしよししてあげるのはどうでしょう」と，保護者の対応について話し合うことができます。

　このような対応を約3か月間続けて行うと，子どもに変化が見えてくるものです。保育や家事の時間的余裕を見ながら，急がず，ゆっくり続けるとよいでしょう。

（2）遊びを通しての対応
①発達理解にもとづく発達援助

　まず，遊びを通しての発達理解にもとづく発達援助についてお話します。先に述べましたが，保育者と遊ぶときの観察ポイントは，「注視」や「保育者の遊ぶ様子を見ている」でした。どのおもちゃを使った遊びなら，その子どもが関心をもって見るのかを考えます。感覚 − 運動的遊びに使えるおもちゃか，それとも，機能的遊びに使えるおもちゃか，この子は，どのおもちゃを好むかを確認します。その上で，おもちゃを与えて，かかわります。そのとき，子どもが保育者の遊びを模倣するか，その模倣は繰り返されるかどうかを見ます。相手をするときには，模倣しやすい行動であるか確認しながら続けます。また，遊びの相手をするときには，目の前には，限られたおもちゃだけを置くようにしたほうがよいでしょう。保育場面では，その設定が難しそうに思えますが，他の子どもたちの遊びが，対象とする子どもの遊びより進んでいる場合には，他の子どもたちはあまり関心を示さないので難しいことではありません。さら

第7章　子どもへの理解と対応——保育者・保護者面接と子どもの観察

にかかわりながら，遊びが，模倣から見立て遊び，象徴的遊びへと進むかどうかを見ます。この発達過程については，先に示した表6-3を参考に確認してください。

②心理的特徴への対応

　次に，心理的特徴に対する遊びを使った対応についてふれることにします。先に，適度な攻撃性を発揮しているか，それとも抑えているかについて述べました。このような点について，その抑えを弱め，適度に活発に遊べるように対応する遊びとしては，男の子では，自動車遊びやブロックで作ったピストルや刀を使ったごっこ遊び，怪獣やウルトラマンのような人形を使った戦いごっこがあります。女の子では，お姫様ごっこをすることや，人形を使って相手を怖がらせたり主張したりして遊ぶことも有効です。他には，園庭で鬼ごっこや滑り台を勢いよく滑ること，砂山を作って水で崩す遊びなどもあります。攻撃性を慎重に抑制している子どもについては，最初は保育者とこのような遊びをすることが有効でしょう。なお，中には力をセーブできない子どももいますので，このような遊びをするときには，保育者がいつでも調整できるように見守っていることが大切です。

〈文　献〉

藤野博　2002　健常幼児における象徴遊びの発達——象徴遊びテストによる調査　音声言語医学，**43**，21-29.

今野和夫　1983　精神遅滞児のごっこ遊びの発達に関する予備的研究　秋田大学教育学部教育研究所　研究所情報，**20**，45-57.

小山正　1994　精神発達遅滞児の早期言語指導における療育手段としての象徴遊びの適用に関する一考察　音声言語医学，**35**(1)，19-28.

松島恭子　1989　ダウン症乳児の象徴遊びと初期言語発達の関連について　大阪市立大学生活科学部紀要，**37**，201-212.

佐々木聡子　1998　集団生活の中の幼児食　幼児食懇話会（編）　幼児食の基本　日本小児医事出版社　pp.77-99.

吉田弘道　1998　幼児の心理と幼児食　幼児食懇話会（編）　幼児食の基本

第Ⅱ部　心理臨床を保育に活かす

　　　日本小児医事出版社　pp. 22-40.

　　吉田弘道　2008　食を通した心の発達　巷野悟郎・向井美惠・今村栄一（監
　　　修）　心・栄養・食べ方を育む乳幼児の食行動と食支援　医歯薬出版株式
　　　会社　pp. 14-23.

　　吉田弘道　2014　乳幼児の発達の見かた　帆足英一（監修）　諏訪きぬ・吉田
　　　弘道・帆足暁子・大橋愛子・西智子（編）　実践保育学　日本小児医事出
　　　版社　pp. 248-264.

　　吉田弘道　2015　子どものこころの発達　滝口俊子（編著）　子育て支援のた
　　　めの保育カウンセリング　ミネルヴァ書房　pp. 41-59.

コラム8　子どもの世界と宗教性

大村哲夫

　子どものころのことを思い出してみましょう。子どもの世界は不思議にみちています。
　たとえば私の場合…。幼稚園からの帰り道，私はアスファルトのつるつるした面だけを踏んで歩いています。うまくいけばいいことがあるけど，踏み外したら悪いことが起きそうだ。紫陽花の枝にカタツムリをみつけると，そのゆったりとした歩みに心と体を同調させながら，居心地のよい家を背負ってどこでも行けるってなんとすてきなのだろう，カタツムリに乗って海を渡って，ドリトル先生のような旅をしたいな。空には「おてんとさま」や「お月さま」，「お星さま」がいつも私を見ているので，よいことも悪いこともすべてお見通しです。お花を手折ってお家へ持って帰りたいけど，痛がるので止めておこうっと。お日さまが沈み，夕焼けの名残を残して空の藍色が濃くなると，原っぱの大きな木が目覚め，巨人となって恐ろしくもこちらへ歩き出す気配です。空飛ぶキクラゲのコウモリたちは，黄金バットの所から来たのだろうか。明日は金魚のお墓を作ってあげなくっちゃ。金魚の天国はどんなところだろう。また会えるのかな…。
　子どもはあらゆるものに，自分たちと同様，「いのち」や「たましい」が宿っていると感じています。こうした考えを「アニミズム（Animism）」と呼びます。宗教には，たった一人の超越神が世界をしろしめす「一神教」と，多くの神々がいます「多神教」があります。子どもたちのいるアニミズムの世界には，たくさんの霊的な存在がにぎやかに共存しています。トトロやまっくろくろすけやねこバスも，ピーターパンやティンカー・ベルも，猫娘やねずみ男もみな，子どもの生きている現実世界に矛盾なくたしかに存在しているのです。
　皆さんは，『百鬼夜行』という絵巻をご覧になったことはありますか？　室町時代にはすでに描かれており，その後何度も描き継がれてきた妖怪絵巻です。鍋や釜などの台所用具や傘，扇子などの日用品が化け物になって現れますが，朝日とともに消えていくというたわいのないストーリーです。身近な道具が歳を経ると，命が宿り化け物となるというのもアニミズムです。こうした絵が時代を超えて継承されてきたということは，多くの人びとの共感を集めてきたからに他なりません。海外にも同様の例がありますね。『くるみ割り人形』は，欧米の子どもたちがクリスマスに鑑賞するバレエの定番です。夜になるとくるみ割り人形が動

141

き出し，ねずみの王様と戦い，人形は少女の力で王子様になる，という「荒唐無稽」なお話も，子どもにとっては違和感なく共感できるストーリーなのです。

　大人はこうした子どもの世界をどう見たらいいのでしょうか？「合理的ではない」とか「科学的ではない」などと否定していいのでしょうか。じつは，私たち大人であっても，いつも「合理的」行動ばかりをとっているわけではないのです。たとえば受験や病気など大きな危機で，ふだんは顧みなかった神頼みをしたことはありませんか？　海や山，寺社教会，遺跡やパワースポットで癒やされたり，勝負に験を担いだりしませんか？　アスリートがここ一番という局面を前に，ルーティーンを行っているのを観たことはありませんか？　占いなんて信じない，と言いながらじつは気にしたりしていないでしょうか？　私のカウンセリング現場でも，知的で合理的思考をもつクライエントが，問題解決の糸口を求めて「おがみやさん」や占い師を訪ねたエピソードを語ることも少なくありません。ふだん科学的で合理性を追求している私たち現代人でも，なぜかときに「おかしな」行動をとってしまうのです。

　私は，人がこうした非合理な行動をとるとき，そこには心理的に深い意味が込められていると考えています。人間の力を超えそうな危機に陥ったときや，不安を感じて何か大いなる存在に包まれたいとき，大事な局面に立って自分を奮い立たせたいとき，どうしてよいか決めかねて背中をそっと押して欲しいときなど，「無力」，すなわち人間の力の限界を感じる危機的局面で，非合理な行動をとるのです。いいかえれば非合理な行動をとるとき，人は心理的に大事な局面に立っているのです。

　人間のとる非合理な行動の代表は宗教です。科学技術の最先端をいく研究所や，高速鉄道を建設するときにも宗教的な儀式が行われています。合理的に考えたらおかしなことです。また宗教では「祈り」を大切にします。合理的思考からは，「祈っても現実は変わらない」としても，人間としてできるだけのことを行った後，人間の力を超えた存在に委ねるのは，むしろ謙虚な態度といえるかも知れません。ここに人が独善に陥らない可能性があるように思います。

　私たちは，子どもの生きる宗教性あふれる世界を共感的に理解していきたいものです。それは子どもたちに，人間だけではなく，環境やあらゆる生き物と共生する豊かな未来を実現する感性を育ませることになるのではないでしょうか。

　　「おとなは，だれも，はじめは子どもだった。（しかしそのことを忘れずに
　　いるおとなは，いくらもいない。）」
　　サン＝テグジュペリ　内藤濯（訳）『星の王子さま』（岩波書店，1953年）

第 8 章
保護者と保育者への支援

飯長喜一郎

第Ⅱ部　心理臨床を保育に活かす

　本章では保育所や幼稚園等における保育カウンセリングと保育カウンセラーの仕事，とくに保護者と保育者への支援について考えます。

　保護者と保育者の支援においては，（発達や知的な）障害の可能性のある子どもの場合が大きな比重を占めますが，第6章にくわしいので，本章では取り上げません。

1　保育カウンセリングの外枠

（1）保育カウンセリングとは何か

　保育カウンセリングとは何でしょうか。これには二種類あることを，まず，知っておく必要があります。

　一つ目は保育者が保護者に対して行うカウンセリングです。

　たとえば，2017年3月改訂の保育所保育指針には，「保育所における子育て支援に関する基本的事項」に次のように書かれています。

---

(1)　保育所の特性を生かした子育て支援
　ア　保護者に対する子育て支援を行う際には，各地域や家庭の実態等を踏まえるとともに，保護者の気持ちを受け止め，相互の信頼関係を基本に，保護者の自己決定を尊重すること。
　イ　保育及び子育てに関する知識や技術など，保育士等の専門性や，子どもが常に存在する環境など，保育所の特性を生かし，保護者が子どもの成長に気付き子育ての喜びを感じられるように努めること。

　ここでは保育者（保育士）が保護者に対してカウンセリング的活動を行うことが示唆されています。保育者自身が保育カウンセリングの研修を受けて「保育カウンセラー」になることを目指す動きも以前からあります。

　代表的な活動として，全国私立保育園連盟の「保育カウンセラー養成講座」があげられます。この講座は「保育者（保育士のみならず，保育にかかわるすべての人）が，保育カウンセリングの理論と技法を活かし，日常の保育，施設運

144

第8章　保護者と保育者への支援

営，子育て支援などの一層の充実を図ることを目的としています」（公益社団法人全国私立保育園連盟ホームページ）。

一方，心理臨床専門職としての保育カウンセラーという通称もあります。ここでは臨床心理士，臨床発達心理士，学校心理士などの資格保持者で，幼稚園や保育所等で保育者や保護者に対して，保育の相談および指導に携わる者を指します。京都府や大阪府のキンダーカウンセラー，東京都日野市の保育カウンセラー（第8章参照）などが該当します。

全国的に見ると，2005年度から文部科学省による幼児教育支援センター事業を試行的に実施しています。これには，子育てに不安を抱える保護者等へのカウンセリング等を行う「保育カウンセラー」等からなるサポートチームを市町村教育委員会に設け，幼稚園等施設や家庭，地域社会における教育力を支えるための体制を整備することが含まれています。

たとえば，愛知県半田市では，幼保小の代表や行政関係者からなる運営委員会で事業の企画や報告・調査をし，体制や支援のあり方について意見を交わしたり評価を行ったりしています。教師や保護者の支援のために，保育カウンセラー・幼小連携アドバイザー・大学教授らによるサポートチームを結成し，事業を行いました。

1　サポートチームの取組
ア　特別な配慮を必要とする幼児に対応する教師とその保護者への支援
• 保育カウンセラーの幼稚園・保育所巡回
• 大学教授・特別支援教育専門家による教員の研修
イ　幼児を子育て中の保護者への支援
• 遊びの専門家による親子活動
• 保育カウンセラーの保護者相談・子育てミニ講演会
• 幼小連携アドバイザーによる子育て講演会

（文部科学省ホームページaより一部抜粋）

文部科学省では，現在は「幼児教育（支援）センター」と「幼児教育アドバ

第Ⅱ部　心理臨床を保育に活かす

イザー」を推進していますが，アドバイザーとしては初等教育・保育の経験者を登用しています（文部科学省ホームページbほか）。

　全国規模で見ると，保育カウンセラー事業は必ずしも十分な広がりを見せているとは言えません。しかし，各自治体や私立保育所などでは，保育カウンセラーによる巡回相談は確実に増えています。大阪府の「キンダーカウンセリング事業」は，大阪府私立幼稚園連盟が2003年から開始した事業であり，これにならって2009年から京都府私立幼稚園連盟においても「キンダーカウンセラー派遣事業」が開始されました（小川，2014）。また，2010年から北九州市でも保育カウンセラー事業が始まっています。

　以下，本章では主に，心理臨床専門職による保育カウンセリングを想定して考察します。

（2）子ども・子育て支援新制度

　日本の幼児教育・保育において子育て支援がしっかりと位置づけられたのは，2013年の「子ども・子育て支援新制度」以来です。それまでも2008年の保育所保育指針や幼稚園教育要領において子育て支援はうたわれていましたが，この新制度によって定着したと言えます。

　「子ども・子育て支援新制度」は「子ども・子育て支援法」「認定こども園法の一部改正」「子ども・子育て支援法及び認定こども園法の一部改正法の施行に伴う関係法律の整備等に関する法律」という三つの法律にもとづく制度です。

　子育て支援に関して一部抜粋すると次のようになります。

- 地域の実情に応じた子ども・子育て支援

　（利用者支援，地域子育て支援拠点，放課後児童クラブなどの）「地域子ども・子育て支援事業」の充実

- 教育・保育施設を利用する子どもの家庭だけでなく，在宅の子育て家庭を含むすべての家庭及び子どもを対象とする事業として，市町村が地域の実情に応じて実施。

　そしてこの精神は，2017年の新しい保育所保育指針では「保育所を利用して

146

いる保護者に対する子育て支援」「地域の保護者等に対する子育て支援」として
さらに詳しく示されています。また幼稚園教育要領にも同様のことが示され
ています（幼稚園教育要領第3章・2）。

つまり，保育者が心理や保健の専門家等と連携して，保育所・幼稚園・認定
こども園などの施設において，所属する幼児を対象にするのみならず広く地域
に開かれた活動を進めることが期待されています。

日本臨床心理士会の保育臨床心理士専門委員会（当時，2008）のリーフレッ
トでは保育カウンセラーの仕事として，次の6点を提言しています。

①子どものアセスメント

②保育者の保育活動の支援

③他機関との連携

④保護者への支援，カウンセリング

⑤幼稚園・保育園などでの講演

⑥地域子育て支援センター等での活動

本章の「保護者と保育者への支援」という観点から見てみると，これらのい
ずれもが該当することに気がつきます。これらは保育者と保護者への支援の諸
側面を述べていることになります。

2 保護者への支援

（1）保護者への支援の多面性

先の日本臨床心理士会の提言を見てわかるように，保育カウンセラーの仕事
は多岐にわたっています。保護者への支援を考えると，これら6点がすべて関
係してくることがわかります。そしてこれらは独立しておらず，一組の親子へ
の支援を考えた場合，相互に絡み合ってくることに留意する必要があります。

（2）保護者への支援の2タイプ

保護者への支援は多面的ではありますが，その目的によって二つのタイプに

第Ⅱ部　心理臨床を保育に活かす

分けて考えられます。問題解決型支援と成長発達型支援です。

　問題解決型支援は，子どもの問題の直接的な解決を目指します。「偏食」「おねしょ」「赤ちゃん返り」「兄弟げんか」等々。これらの場合，多くはいわゆるガイダンス，助言といった方法で解決につながります。理由や原因のわかりやすい問題もあるでしょうが，むしろ簡単にはわからない問題の方が多いでしょう。その場合でも，いろいろな例をお話ししたり，ちょっとしたアイディアや発想の転換のためのヒントをお話ししたり，保護者の心配を共感的に受け止めて不安を分かち合うことによって安心感をもってもらったりします。短時間・短期間の支援ですむ場合が多いでしょう。

　成長発達型支援は，保護者の子ども・子育てに対する見方の変容を目指します。なかなか子どもの個別的問題の解決に至らない場合，保護者自身の個人的問題が関係してくる場合があります。そういう場合には保護者の成長や変容が必要になります。

　ある園に伺ったとき，こんなお母さんがいました。子どもの発達が遅れているのではないか，今問題になっている発達障害ではないだろうか，と言われるのです。あちこちに相談に行ったけど，どこでも「問題ありません」と言われてしまい，それでおしまいになる。でも心配だ，と言われます。しばらくお話を伺っていると，お母さんはご自分の小さいときのことを話されました。「子どものとき，両親が不仲で夕飯時にもなかなかご飯を作ってもらえませんでした。夕方になるとお腹の空いた私は，他の家の軒先に行って夕飯のにおいをかぎながら家の中の団らんに耳をすましていました」。

　このお母さんの場合，子ども自身の問題よりも，自分の不安からくる子どもへの心配が大きく，いくら「問題ありません」と言われても安心できないというお母さんの不安にそった対応が必要になってきます。

　保育者はもちろん保育カウンセラーがこのお母さんに会っても，ここまでの面談を行うことはむずかしいかもしれません。ただ，子どもの相談のように見えても，じつは保護者の内面のテーマがかかわっていて，保護者の不安を解消するにはご自身の成長を視野に入れる必要があります。保育相談でもそういう

148

所にまで目を配らなければならない場合があるということです。

（3）心理教育的プログラムの導入

保護者の気づきと成長を支援する方法として，グループによる心理教育的プログラムを実施するという方法があります。

世の中には多くのプログラムがありますが，ここでは「子育て期の夫婦を支援するための心理教育プログラム」（PEPP：Psycho-Educational Programs for Parenting）（平木・飯長ほか，2006）を紹介します。

このプログラムは次の五つをねらいとしています。

①親の自己理解を促進する

②親子の関係に気づく

③夫婦関係に気づく

④親をエンパワーする

⑤（その結果）親をサポートし，親子関係をステップアップし，子どもの発達を促進する

PEPP には四つの特徴があります。

①体験的であること：講演などの形で得た知識は，それだけでは身につきません。体験が伴ってこそ実感でき，感情や行動の変化につながります。心理教育プログラムと名称は堅苦しくても，実際には身をもって体験することが大切です。

②自己発見的であること：これは①と関係します。一人ひとりの保護者はみんな独自の生活経験，独自の歴史を持っています。画一的に注入された知識でなく，体験から自分で発見したオリジナルな発想や気づきが，価値を持ちます。この体験は，参加者の自信につながり力を得ることができます。

③グループワークであること：こういう作業はグループでの共同作業によって促進されます。参加者同士の交流で，お互いに共感したり励まし合ったり，違いに気がついたりして考え方が柔軟になります。

④構造化されていること：思いつきで行き当たりばったりに進めるのではな

第Ⅱ部　心理臨床を保育に活かす

く，目標や立ち位置をみんなで共有しながら自分たちの進歩や変化を実感し合います。

このようなプログラムの進め方や考え方を利用して，保護者の自己理解を促し，保護者の自信と保護者同士の仲間意識を醸成することができればと思います。

3　保育者への支援

日常の保育を一身に背負っている保育者は，様々な悩みを抱えています。保育内容，気がかりな子どもたち，保護者対応，過重労働などなど，数え上げれば切りがありません。それらのうち，ここでは児童虐待，バーンアウトと感情労働について考えてみます。

厚生労働省研究班の心のケアに関する調査（2017年 2 ～ 3 月実施，毎日新聞2017年 6 月27日）によれば，回答した全国の保育施設2,672か所のうち719施設（27%）が「精神的，心理的負担のサポートが必要と感じたり，実際に治療を受けたりした保育士がいる」と答えています。そしてサポート体制の有無については，1,540施設（58%）が「ない」と回答しています。つまり，相当な割合の保育施設にはメンタルな問題で悩んでいる保育士がいる一方，その支援体制は不十分だということです。

（1）虐待事例に対する支援

①虐待について

子どもの虐待に気がつく機会は，日ごろ子どもに密着している保育者がもっともたくさんもっています。まず，子どもの命と心身の健康に圧倒的に影響があり，また保育者が対応の困難を感じやすい児童虐待について考えてみます。

②虐待の報告数

我が国における児童虐待の認知件数は年々増え続けています。児童相談所の相談対応件数で見ると，2015年度は103,286件でした。わずか 3 年前（2012年

度）から1.5倍になっていますし，児童虐待防止法施行前の1999年度と比べれば8.9倍になっています。

　虐待するのは実母が多いと長い間言われてきました。しかし，この児童相談所のデータで見ると，2011年度には実母が59.2%，実父が27.2%だったのに対して，2015年度には実母が50.8%，実父が36.3%と報告されています。父親の育児参加が進んだことの影響と考えることができます（以上，厚生労働省，2016）。

③保育者の調査から

　虐待が発見される場所として保育所が大きな比重を占めています。少し古いですが，2002年の調査の報告を紹介します（春原・土屋，2004）。

　この調査では保育者659名のうち69.5%が「虐待を受けている可能性がある子どもと会ったことがある」とこたえています。この報告では子どもに見られる虐待の「きざし」として次の諸点を挙げています。上位5項目まで示します。

　①衣服や身体がいつも不潔

　②表情や反応がいつも乏しい

　③食行動に問題を持つ

　④身長や体重が増えない

　⑤不自然な傷が絶えない

　また，保護者に見られる虐待の「きざし」に出会っている保育者は73.6%でした。以下は「きざし」の上位5項目です。

　①子どもに冷淡な態度で接する

　②子どもに無理な要求をする

　③体罰がしつけであると思う

　④子どもを残して外出する

　⑤子どもについての他者からの意見を「責められている」と思う

　さらにこの報告では，虐待にかかわる保育者の五つの困難が述べられています。

　①虐待の発見・通告にかかわる困難

　②保護者や子どもへの支援にかかわる困難

第Ⅱ部　心理臨床を保育に活かす

③保育所内体制に関する困難

④他機関との連携にかかわる困難

⑤こうした困難を抱えながら援助をつづける保育者自身が抱える心理的困難

そして，ほしかった援助としては次の3点が上位に数えられました。

①専門家の援助

②精神的なフォロー

③職場全体でのフォロー

保育現場における保育者の苦悩が伝わってきます。

以上の保育者の困難とほしかった援助は，いずれも保育カウンセラーに代表される専門家が身近にいれば，大きな助けになったことでしょう。同書にはカウンセラーの援助がほしかったという切実な言葉が紹介されています。しかし逆に（外部の）カウンセラーに保育者の苦しみを理解してもらえず心ない言葉を投げかけられて傷ついたという訴えも出てきます。保育者は孤独になりがちですし，一人で抱え込みがちです。そういう立場と心理を十分に理解した上で援助を考える必要があります。

④子どもと親のアセスメント（査定，見立て）

アセスメント（assessment）とは査定，見立てなどとも言われます。ここでは，子どもや保護者の心理の状態や特徴を見立て，その成り立ちや行動の特徴などを推察することです。アセスメントは，疾病を特定する診断とは異なります。通常，心理臨床専門家はアセスメントを行い，診断は行いません。保育カウンセラーが子どもと保護者の支援を考えるとき，まずは子どものアセスメントが重要になってきます。

虐待される子どもには何らかの障害が引き金になっている場合があります。障害とまでいかなくても，いわゆる「気むずかしい（difficult）タイプ」の子どもがいます。これは「ニューヨーク縦断研究」による気質論に由来するものです（Thomas et al., 1963）。

この研究によれば，子どもたちには四つの気質類型があり，それぞれ「扱いやすい（easy）タイプ」「気むずかしい（difficult）タイプ」「ゆっくりと適応す

る（slow to warm up）タイプ」「その他の（other）タイプ」と，名付けられて
います。

「扱いやすいタイプ」の子どもは，自分から親に接近してきます。授乳も生
活のリズムも規則的で，周りから見てわかりやすく扱いやすいのです。表情も
マイルドで，親には「かわいい」という感情が湧いてきます。一方，「気むず
かしいタイプ」は外からの刺激に対して関心をもちにくく，環境になかなか慣
れません。泣き笑い行動も激しいのが特徴です。このタイプの子どもは10％程
度と言われています。

子どもは，子どもの気質（タイプ）と親や家族，地域や社会など環境との相
互作用で育ちます。子どもが「扱いやすいタイプ」であれば，育児の苦労は半
減します。親は子どもを「かわいい」と思いやすく，「自分は育児が上手だ」
と思うことも容易です。しかし子どもが「気むずかしいタイプ」だと，子ども
が泣いたりむずかったりする理由がわかりにくく，あやしてもなかなか親の思
い通りに機嫌よくなってくれません。そうなると「かわいい」と思いにくく，
また「私は育児が下手だ」と思い詰めたりします。

子どもをこういう面から捉えることができれば，やみくもに「自分は子育て
が下手だ」と思うことなく，少し距離を置いて見ることが可能になります。ま
た，こういう子どもの子育てには周囲の手助けがより必要になるということも，
理解しやすくなります。

障害を疑われるときには，受診をすすめる必要があるかもしれません。ただ，
親は内心では心配していても，それを他人から指摘されることには大きな拒否
感情が生じます。また唐突に言われると，それだけで拒否的になります。担任
だけでなく，園内で十分に検討して親への対応方針を決める必要があります。

保護者が保育者にとって理解しにくい行動を取ったり，保護者から予想外の
クレームをつけられたりしたときには，保護者の特徴をケース会議やカンファ
レンスで検討します。この際，保育カウンセラーや精神科医が加わっていれば，
保護者の理解を深めることができ，すべてを保育者が背負わなくてもよくなり
ます。

第Ⅱ部 心理臨床を保育に活かす

⑤二次受傷

虐待事例に接する人に生じやすい心の傷があります。「二次受傷」です。日本トラウマティック・ストレス学会によれば，次のように定義されています。

二次受傷とは，「代理受傷」「共感性疲弊」「外傷性逆転移」と呼ばれている現象の総称であり，「外傷体験を負った人の話に耳を傾けることで生じる被害者と同様の外傷性ストレス反応」を指します。たとえば，犯罪被害者をクライエントにもつ臨床家，子どもが自動車事故に巻き込まれたという知らせを受けた両親，戦争体験の取材をしているジャーナリスト，被災者の調査をしている研究者，職業上，悲惨な場面に曝される救急隊員や消防士などが二次受傷を負うと示唆されています。

そして，二次受傷の症状としては，いわゆる PTSD 症状（再体験，回避，覚醒亢進），燃え尽き，世界観の変容などが挙げられています。つまり，「被害者の語りが繰り返し頭の中で再生される」「クライエントが描写した外傷体験がフラッシュバックや悪夢として体験される」「夜道を歩くのが怖くなり，小さな物音に敏感になる」「家族の安全を極度に心配する」「配偶者や恋人と親密な関係を維持できなくなる」「支援者としての適性を疑うようになる」などが含まれます（日本トラウマティック・ストレス学会ホームページ）。

ここには保育者はあげられていませんが，前掲書（春原・土屋，2004）には次のような保育者のつらさが報告されています。

「その子（被虐待児）のことを考えると，自分が精神的につらくなり，家に帰っても考え続けてしまうことがあった」「一切外部に口外できず，また，原因などもわからないため，自分の中にため込み，精神的につらい日々がかなりつづいた」「家庭に帰るとどっと疲れ，自分の子どもにやさしくできなくなってしまう心のアンバランス，それがつづくことがつらかった」（春原・土屋，2004 pp.88-89）

心理臨床家や救急隊員の経験とは少しニュアンスが違うかもしれませんが，これらはやはり保育者にも起こりうる二次受傷と理解するのが適当かと思われます。こうなると園長や主任などの手助けのみならず，チームで対応すること

154

第8章 保護者と保育者への支援

が重要になってきます。

⑥チームで対応する

　園内でのチーム対応および園外機関との連携については，「保育と虐待対応事例研究会」編の『正・続　子ども虐待と保育園』（2004，2009）に実例が詳しく紹介されています。

　園内におけるチームワークの一例としては，保育者（担任）は子どもへの対応を工夫し記録を取ることに専念し，母親への対応は園長や主任，看護師が受け持っています。

　一方，他機関との連携では，児童相談所に通告し家庭訪問をしてもらうことをはじめとして，児童相談所，子ども家庭支援センター，虐待防止センター，市役所の保育課，保健所，園長，担任などとの連携が図られ，ケース会議がもたれています。ただ，他機関に紹介するだけでは各機関になかなか実質的に動いてもらえず，保育園から再三強く申し入れる必要があった例も多く報告されています。

（2）バーンアウト・感情労働に関する支援

①バーンアウト（燃え尽き症候群）

　バーンアウトとは，仕事上のストレスから生じる持続的な衰弱状態です。田尾・久保（1996）によれば，バーンアウトの尺度の一つであるバーンアウト・インデックスはパインズ（Pines, A.）（1985）等の研究によって作成され，内外の研究でよく使われています。それによればバーンアウトは次のような三つの下位尺度からなっています。

　　①気が滅入る，期待はずれの気持ちになる，投げやりの気持ちになるなどの感情的（emotional）疲労

　　②疲れやすくなる，力を使い果たしたような気持ちになるなどの身体的（physical）疲労

　　③自分がいやになったり，まわりの人たちに対して幻滅感や憤りを感じるなどの精神的（mental）疲労

155

第Ⅱ部　心理臨床を保育に活かす

　こういう疲労が重なったとき，どうしたらよいでしょうか。以下に，水澤（2007）に一部加筆して掲げてみます。

　①自分の境界・限界を設定し，過剰な責任を引き受けない

　②仕事と私生活の区切りをつける

　③リラックスする時間，遊ぶ時間を持つ

　④十分な休暇を取る

　⑤周囲の問題に責任を持つのでなく，自分の健康と幸福に責任を持つ

　⑥自分の力で変えられるものと，変えられないものを見分ける

　⑦ものごとに優先順位をつける

　⑧自分の意志を表明したり，感情を表現したりする練習をする

　⑨問題があれば話し合い，感情を分かち合う

　⑩自分の価値は，周囲からの評価や仕事の能力によるのではなく，ありのままの自分に価値があることを確認する

　⑪信頼できる人や親しい人に相談する

　⑫専門家に相談する

　（⑪⑫を筆者が加筆）

　ずいぶん多くの対処法があります。しかし，バーンアウトに陥った本人は，冷静に自分の状態を振り返ったり，対処法を考えたりできなくなっていることが多いものです。その場合，園長や同僚などが気づいて指摘することが大切です。園長や主任が相談に乗ることも助けになるでしょう。また，保育カウンセラーが巡回してきたらその保育カウンセラーに，そうでなければ外部のカウンセラーや精神科医に相談してみる方法もあります。いずれにしても保育者が孤立しないように気を配ります。

②感情労働

　感情労働（Emotional labor）とは，ホックシールド（Hochschild, A. R.）（1983/2000）が提唱した労働に対する考え方です。我々の労働は，肉体労働，頭脳労働，感情労働の三種類に分けられます。肉体労働は主として体を使います。また頭脳労働は知的な能力を使って働きます。それに対して感情労働は感情を道

具として使う労働のことです。多くのお店やホテルなどでの接客・サービス業には感情労働の要素がたくさん含まれます。

近年，感情労働という要素は，看護，介護，心理臨床，保育，教育分野に広がってきています。「白衣の天使」「聖職」「天職」「癒し系」「人の役に立つ（力になる）」などのイメージが伴う仕事全般に感情労働が含まれるようになってきました。感情労働は対人サービスが含まれる仕事では避けて通れません。

保育者の感情労働的側面の特質としては次の二点が考えられます。

①子どもや保護者との情緒的結合が強調されることによる感情労働への誘惑が保育者を無限・無償労働へと駆り立てる。

②熱意と反省を超えて，自己犠牲的，自己非難的心性に結びつきやすい。

保育者も「人の子」です。対人的な仕事に従事しているわけですから，子どもに対しても保護者に対しても仕事仲間との間でも，様々な感情を経験します。そういう感情とどう付き合うかということは，大切な課題です。

子どもや保護者に対してむかついたとき，「この子（人）は……という環境の中で育ってきたのだから，こうなるのも当然だ」と気持ちを持ち直すようなことです。

感情労働は無意識的な心の作用を伴うわけですから，これが行き過ぎると自分の中の矛盾が激しくなり，心身に問題が出たりします。その場合にはやはり，園長，主任，同僚に支えてもらうことを考えましょう。保育カウンセラーその他の専門家に SOS を出すことも前向きに考えてもよいと思います。SOS を出すことは対人専門職にとってはけっして恥ではなく，むしろ大切なスキルといえるでしょう。

*

保育所・幼稚園・認定こども園などは，ほとんどの子どもたちが通い，ほとんどの保護者が関係する大切な機関です。また，保育者（保育士や幼稚園教諭）はときとして保護者よりも長い時間子どもたちに接し，保護者と顔の見える関係を築く大切な人です。

第Ⅱ部　心理臨床を保育に活かす

　その保育者が広く深く子どもたちを理解し，保護者を支援することは，子ど
もたちの育ちにとってもっとも重要な社会的使命です。それだけに，保育者が
孤立して自分を追い詰めないように応援する必要があります。保育者が生き生
きと創造的に仕事にかかわることによって，保護者への支援の質も上がります。

　保育者は園内の協働や園外の機関との連携によって，多面的な支援を心がけ
ることが大切です。そして臨床心理専門職である保育カウンセラーは，多面的
な支援活動を可能にしていくことが求められます。

〈文　献〉

平木典子・飯長喜一郎ほか　2006　子育て期の夫婦を支援するための心理教
　　育プログラムの開発とその効果判定　平成15～17年度科学研究費補助金
　　研究成果報告書

ホックシールド，A.R.　石川准・室伏亜希（訳）　1983/2000　管理される心
　　──感情が商品になるとき　世界思想社

保育と虐待対応事例研究会（編）　2004　子ども虐待と保育園──事例研究と
　　対応のポイント　ひとなる書房

保育と虐待対応事例研究会（編）　2009　続・子ども虐待と保育園──事例で
　　学ぶ対応の基本　ひとなる書房

公益社団法人全国私立保育園連盟ホームページ　http://www.zenshihoren.or.
　　jp/kensyu/counselor.html（2017年6月10日閲覧）

厚生労働省　2016　報告書　平成27年度　児童相談所での児童虐待相談対応件
　　数

水澤都加佐　2007　仕事で燃えつきないために──対人援助職のメンタルヘ
　　ルスケア　大月書店

文部科学省ホームページa　幼児教育支援センター事業　http://www.mext.go.
　　jp/a_menu/shotou/youchien/1218281.htm（2017年6月10日閲覧）

文部科学省ホームページb　幼児教育の推進体制構築事業　http://www.mext.
　　go.jp/a_menu/shotou/youchien/1372594.htm（2017年6月10日閲覧）

無藤隆　2017　3法令改訂（定）の要点とこれからの保育　チャイルド社

日本トラウマティック・ストレス学会ホームページ　http://www.jstss/topi
　　cs/03/217.php（2017年6月10日閲覧）

日本臨床心理士会保育臨床心理士専門委員会　2008　保育臨床心理士（リーフレット）

小川恭子　2014　キンダーカウンセラー活動の現状——研究動向と今後の課題について　花園大学心理カウンセリングセンター研究紀要，**8**，41-49.

Pines, A. 1985 The burnout measure. In J. W. Jones (Ed.), *Police burnout: Theory, Research, and Application.* Park Ridge, IL: London House Management Press.

春原由紀・土屋葉　2004　保育者は幼児虐待にどうかかわるか——実態調査にみる苦悩と対応　大月書店

田尾雅夫・久保真人　1996　バーンアウトの理論と実際　誠信書房

Thomas, A., Chess, S., Birch, H. G., Hertzig, M. E., & Korn, S. 1963 *Behavioral-individuality in early childhood.* New York University Press.

コラム9 "お母さん"のバランス

岡本加苗

　「私は二人の子どもをもつお母さんです」……じつを言うと，自分のことを「お母さんです」と紹介することに時折，しっくりこないというか，ためらいのような感覚を抱きます。子どもたちとともに過ごす"お母さん"としての毎日は，鮮やかで，豊かで，楽しく，何物にも代え難いと感じています。"お母さん"であると同時に"仕事をもつ人"でもある私は，働きながら子育てをする大変さや，もっと長く子どもたちと一緒に過ごしたいというジレンマも抱えています。しかし，それを苦痛に感じているかというとそうでもなく，むしろそれらの思い通りにいかないことも含めて"今"が大切で，感謝しています。

　だったら，「どうして"お母さん"がしっくりこないと感じるの？」と聞きたくなるかもしれません。または，「やっぱり子育てと仕事の両立が大変なんじゃないの？」と言いたくなるかもしれません。聞かれたことに答えようとすると困ってしまいますし，子育てと仕事の両立が容易ではないのは事実なので反論のしようもありません。答えられずまごついてしまう自分は周りに迷惑をかけているのではないかと思えて，なんだか申し訳ない気持ちになります。ですから，"お母さん"がしっくりこないという感覚について話すことはありません。

　適当に受け流してしまえば微かな違和感で済むのですが，あらためて"私＝お母さん"に意識を向けると途端に重苦しく感じます。できれば目を向けたくないという感覚を抑えて，流さずに見つめると，"お母さん"がしっくりこない，ためらうような感覚は，"私"の中で"お母さん"の部分がクローズアップされすぎて，全体のバランスが保てなくなりそうなときに強く感じるということに気がつきました。子育てを辛いと感じたり，孤独感に苛まれたりするときというのは，"お母さん"としての子育てそのものに対する困難よりも（もちろん，それもありますが），もっと深い心の世界で繰り広げられている困難のように思えます。

　冒頭に書きましたが，私は二人の子どもの"お母さん"ですが，同時に"仕事をもつ人"でもあります。そのほかにも，妻でもあり，嫁でもあり，娘でもあり，友人でもあり，和菓子をこよなく愛する人，でもあります。様々な色合いをもつ"私"が，さながら十二単のように，それぞれの色彩を主張しながら重なり合って"全体としての私"という一つの纏まりが生まれています。"お母さん"以外のほかの色があり，それらと絶妙なバランスを保つことで"お母さん"としての

コラム9 "お母さん"のバランス

私は支えられ，安心して過ごせるのです。ですが，"お母さんの色"だけが極端にクローズアップされる場面に出会うと，"ほかの色の私"を主張してはいけないように感じられて出せなくなってしまいます。そうすると全体のバランスが崩れて，支えを失い，不安や孤独感に苛まれてしまうのです。

産院や検診のとき，幼稚園や保育所，学校，家庭や実家など，様々な子育てを支える場で「お母さんなんだから」，ときには「お母さんなのに」という言葉を耳にします。私も似たような言葉を何度か受け取った経験があります。それらの多くは温かいものですが，いくつかは小さな傷として今も心に残っています。相手にそのような意図がないと頭でわかってはいても，お母さん以外の私を表すことは許されていないように聞こえてしまうのです。

支える側に立ってみると，はじめての子育てに不安を抱くお母さんが母親としての自覚をもてるように支える励ましの言葉だと思えます。あるいは，子どもとお母さんの関係をしっかり繋いで支えたい，という強い想いがこのようなメッセージとなって伝えられるとも受け取れます。このような想いをもつ人たちが身近にいて，親子に寄り添ってくださるのは本当に心強いことだと思います。しかし同時に，子育てを支える場が早期になればなるほど，支える側が意図していなくても，お母さんたちは急いで"お母さん"になることを迫られていると無意識のうちに感じて，追い詰められてしまうのではないか，と心配もしています。慌ててお母さんになろうとすることは，"私"とは別に"お母さん"という誰かを作り出すようなもので苦しくて無益です。親子を支える現場は，その性質上「母親の自覚を育てる」とか「親になる・なりきれない」，「養育力」など，お母さんの色を極端にクローズアップする場面や言葉で溢れています。ほかの色合いの私とのコーディネートを愉しんだり，着心地を確かめたりする暇も与えられないまま，なりふり構わず"お母さん"を迫られるのはとても惨めな体験ではないかと思います。

私という人間は，子どもを授かったときから，外側から見ると紛れもなく"○○のお母さん"と映っていることでしょう。けれど内側から見ると，おかしな言い方かもしれませんが，私はどの瞬間も"お母さんになろうとしている人"であって，"お母さん"ではない，というのがもっとも等身大に近いように感じます。寄り道をしたり，戻ったり，真っすぐに進むことが難しくて立ち止まったりと，あれやこれやを繰り返しながら，時間をかけてお母さんになろうとしている，そんな人たちが"お母さん"なのだということを心に留めながら，ゆったりとした時の流れの中で，母と子の育ちを見守り，支えてくださることを願います。

161

第 9 章
様々なかたちでの
子どもと保護者への支援

坂上頼子

第Ⅱ部　心理臨床を保育に活かす

　保育の場の傍らで子育て相談を担う保育カウンセラーは，集団における子ど
もの姿を踏まえて保護者と話し合うことができます。保護者の葛藤に耳を傾け
ていると，時代の流れが子育てにも影響していることがわかります。赤ちゃん
は昔話の時代と変わらない姿で生まれてくるのに，生まれ出る社会は大きく変
化しています。乳幼児がゆっくり育つ時間や，探索行動を充分に発揮できる空
間は大切なものですが，情報化社会を忙しく生きる現代の大人にとっては手間
暇かかる子育ての負担はより重く感じられます。都市化により子どもが育つ自
然環境を失いつつある社会において，自然とハイテク，子どもと大人，体と心
が折り合い難くなっています。このような時代背景を踏まえて，子どもの発達
を支えうる保育と心理臨床について考えたいと思います。

1　保育の場における保護者相談を振り返る

（1）保護者相談の多様な枠組み

　筆者が臨床心理士として保育現場で実践してきた30年を振り返り，各園の保
護者相談の枠組みを表9－1にまとめてみました。

（2）グループ相談における保護者支援（表9－1のC）

　保育の場で保育者に求められる役割の一つに保護者の子育て支援があります。
1990年代，親しい保育者から「園児のことはどんなに難しくても何とか皆で協
力できるけれど，保護者の相談で……」と筆者にときどき電話がありました。
たとえば，卒園児のチックや不登校，家族の DV，アルコール依存，パニック
障害，うつなどの相談には臨床心理士の視点が役に立ち，適切な紹介先の情報
などが保護者対応に活かせたようです。電話で一緒に考え合う中で，核家族で
子育てをしている保護者の苦労や，保護者に信頼されている保育者の仕事ぶり
も伝わってきました。

　やがて，その園の職員会に招かれて高齢の初代園長先生から園設立の理念を
伺うことができました。私からは「保育者を労う〜肩凝りと腰痛に効く動作法

164

第9章　様々なかたちでの子どもと保護者への支援

表9-1　保護者相談の多様な枠組みの例

	保育の場	回数（年間）	在園時間（時）	保護者相談
A	公立保育所巡回相談	11	9〜15	な　し
B	公立療育教室	11	9〜15	個別・グループ
C	無認可幼児園	6	10〜16	グループ（午前）
D	公立幼稚園	11	9〜17	個別・グループ
E	私立幼稚園	11	9〜17	個別・グループ
F	母子生活支援施設	6	19〜21	グループ
G	社会福祉法人立保育所	5	15〜17	個別（各50分）
H	社会福祉法人立保育所	2	9〜15	な　し
I	国公立大学付属幼稚園	11	9〜14	個別（各30分）
J	私立学校付属幼稚園	8	9〜17	個別（各25分）

〜」を体験的に紹介しました。すると「保護者にもぜひこれを」ということになり，園主催の保護者会「子育てストレスへのリラックス法」が開催されました。子育て中は肩凝りや腰痛があっても自分の体のことは後回しになりがちですが，この体験の後では「今なら子どもにやさしくできそう」と保護者の心にゆとりが戻ってきました。

　これをきっかけに「ふわっとセミナー」が始まりました。「ふわっとしたこの肩の感じは人生ではじめての感覚です」という保護者が名前をつけたグループ相談の会です。年数回，10〜12時，地域会館和室，自由参加，会費500円で保護者が運営しています。「ふわっとセミナー」では毎回10分程度のリラックス法から始めており，朝から忙しい時間をやりくりして集う保護者を労うひとときを大事にしています。グループ相談では，「ここでの話はここだけにしましょう」，「それでも人の口に戸は立てられないので話す内容に配慮しましょう」，「聞くだけの参加でもいいです」と申し合わせています。筆者への質問にはていねいに答えつつ「皆さんはどうですか？」と経験を尋ねるなど，子育てを巡る難題をみんなで考え合う場の雰囲気づくりを大切にしています。

　以下はその内容の一部分です。

165

第Ⅱ部　心理臨床を保育に活かす

初参加の年少組の保護者が意を決したように「子どもの気持ちを受けとめなければと思っているのに，……ときどき自分が豹変してしまい……ひどい言葉をぶつけてしまって……自分で止められなくなってしまい……泣くまで追い詰めて……後ですごく反省して落ち込んで，でも直らなくて……どうすれば直りますか？」と涙を浮かべて思いを述べられました。皆が肯きながら聞き入る中でその答えを求めるまなざしが保育カウンセラーの筆者に向けられました。筆者は保護者を見回して〈あの～，ときどき豹変なさる方は？〉と手を挙げながら促しますと，何人もの方が手を挙げて，しかもうれしそうな表情です。「反省して直したいなんて，ちょっと懐かしい。前は私もそうだった。今は反省もしなくなったことに反省」「ときどきなのは偉い，私はときには一日に何回も」「私は夫に豹変します。子どもに聞かれたくないひどい言葉が止まらない」「言葉だけでなく，先日はついに手も足も出ました」などなどの発言にはユーモアがあり笑いが起きてきました。「えっ，でも皆さん優しそうで上手に子育てしているように見えます」「あなたこそ，優しい素敵なママにしか見えない」と同じ思いを語り合うことができました。

　幼い子どもとの暮らしを一人でやりくりするのは思いのほか大変です。母親も生身の人間ですから疲れと無理が重なれば誰にでも感情の爆発は起こり得ます。体がきつい中で心だけが穏やかにという訳にはいかないものです。そこで，保護者が自分でいつでも行える落ち着くための呼吸法を紹介しました。ゆっくり息を吐く呼吸を三回ほど行うだけでも少し落ち着きます。昼も夜も無意識にしている呼吸ですが，吐く息をゆっくりと長く吐く腹式呼吸法を皆で体験しました。和室なので仰臥位で行いました。

●腹式呼吸法（椅子座位，あぐら座位，立位，歩行中でも可能）
　下腹部に手を当てて，ここに大きな風船があるとイメージします。鼻から吸う息でお腹の風船をふくらますようにします。そう，いっぱいになったらちょっと止めます。これが緊張です。吐く息は口から細く長くゆっくりと吐いていきます。そう，ゆっくりと吐く息でお腹の風船がしぼんでいきます。これがゆるむ感じです。自分のペースでゆっくり繰り返します。慣れてきたので，

イメージを加えます。吐く息とともにイライラがからだの外に出ていくイメージです。そう，ゆっくりと吐く息で不安もからだの外に出ていくイメージです。あと2～3回自分のペースで行います。切りのいいところで自然呼吸に戻ります。そのまま2～3分，楽にして安静タイムです。

保護者にとって一人で仰臥位になれるゆったりしたひとときは貴重です。ふわっとセミナーでは卒園児の保護者が未満児の託児を担当し，母親が一人になれる時間を保証しています。保護者同士の支え合いが引き継がれています。

（3）行政主導の保育カウンセラー事業（表9-1のD・E）

2004年，日野市立幼稚園園長会が文部科学省「新しい幼児教育の在り方に関する調査研究」に取り組む中で，2005年に保育カウンセラーを導入しました。その成果を受けて調査研究終了後も日野市教育委員会が保育カウンセラー事業として継続している全国でも珍しい取り組みです。公立幼稚園園長会が中心となり，保育カウンセラーの役割を検討し先駆的に示しました（表9-2）。保育カウンセラー便りを年4回発行し，2015年には「保育カウンセラー10周年記念誌～子どもたちの未来のために～」を刊行するなど，地域の子育て支援のセンター的役割を担う幼稚園で，保育者と保育カウンセラーが二人三脚で取り組んでいます。現在では日野市の全公立幼稚園4園と希望する私立幼稚園9園に月1回7時間勤務の保育カウンセラーが配置されており，行政の枠を超えた懐深い事業が展開しています。

表9-2　保育カウンセラーの五つの役割

①　保育の観察
②　保護者の個別相談
③　保護者対象の懇談会や講演会
④　保育カンファレンス
⑤　地域の子育て支援

（出所）　坂上（2015）pp. 26-27.

第Ⅱ部　心理臨床を保育に活かす

（4）個別相談における保護者支援

　園だよりなどで子育て相談の日程を保護者に周知し，園が相談予約を受け付ける方法がほとんどです。相談時間は25分，30分，50分など各園で異なります。

①私立保育所，年5回，15時～17時，50分2枠（表9-1のG）

　夕方の迎えの時間に合わせて子育て相談の時間を設けている保育園です。回数も時間も少ない中での仕事ですので，まさに一期一会の出会いです。50分の相談の後はクラスに子どもを迎えに行く保護者に同行し，帰り支度を見守り，親子を玄関まで見送ります。相談終了後は親子を支えるために園でできることについて相談窓口の主任と話し合うわずかな時間を大事にしています。

②幼稚園，年11回，9～14時，30分6枠（表9-1のI）

　入園してはじめて年少組の保育参観を体験したK子の保護者からの相談です。「保育参観の日に見たわが子は一人ぼっちで周りの様子を見ているだけで友だちとも先生とも一度も言葉を交わさないままでした。幼稚園に入れた意味がないようで情けなくなりました。」思いがけないK子の姿を見て心配する保護者に対して，筆者はふだんの子どもの様子を見ておくことを約束して，次回の相談に備えることにしました。

　五月晴れの日，年少組は手をつないで裏の原っぱまで散歩に出かけました。たんぽぽやシロツメクサを摘んで遊び始める子，走って小山を登る子，虫を捕まえる子，その中で立ったまま周りを見ているのはK子でした。やがて，じっと何かを見つめるK子の視線の先には，保育者が子どもを横抱きにして小山からそっと転がす遊びが展開していました。子どもたちはころころと転がりながら歓声をあげて何度も列に並んで繰り返し転がっています。ほんの少しそちらに近づいたK子の心の動きに保育者は注目しました。子どもたちの列が途切れたタイミングで「やってみる？」と保育者がK子を手招きしました。K子はおずおずと先生の膝に横になりましたがぎこちない身体はうまく転がらず，保育者がていねいに身体を回して転がしました。二度目は少し要領がつかめた様子で，三度目には他の子どもに続いて転がることができました。小山を駆け上る顔に恥ずかしそうながら，自信の表情が見られ，列に並んで自分の番を待つ間

第9章　様々なかたちでの子どもと保護者への支援

もワクワク感が身体に表れていました。何度も何度も繰り返して歓声をあげる
までになりました。

　K子が目で参加していた友だちの遊びに，保育者の誘いに応じて実体験とし
て参加することができました。子どもの列が途切れて保育者がK子を手招きし
たのは，K子の転がりたい気持ちが十分に高まったタイミングでした。そして，
保育者の援助で転がる自分の身体を実感しました。何度も繰り返して身体の硬
さがほぐれていくにつれて，心もほぐれていく様子を観ることができました。
固く蕾んでいた心と身体の緊張がゆるんで花弁が開いていくイメージです。こ
の体験の中に自我の育ちがあります。集団遊びのダイナミックなエネルギーが
個にもたらしたK子の育ちです。このような場面に遭遇できるのが保育カウン
セリングの醍醐味です。K子の心の動きを観察できたことで，保護者にも保育
者にもこのエピソードの意味を伝えることができました。保護者はK子の様子
に安心した様子で喜ばれ，保育者に感謝の気持ちをもちました。園に不安と不
信を抱きかけた保護者でしたが，園への安心と信頼を取り戻すことができまし
た。子どもを守り育てている保護者が安心できると心にゆとりが戻ってきます。
そして，子どもにもいい影響がおよびます。

③幼稚園，年8回，9〜17時，25分8枠（表9-1のJ）
　新園長の体制になり，新たに子育て相談を取り入れた幼稚園です。初日の朝，
園長に挨拶した後，フリーの教室にしつらえた相談室に案内されました。9時
〜9時半に相談窓口の主任から一日の予定の説明を受けました。園だよりで子
育て相談を案内して相談希望を受け付けたそうで，一学期3回分の面談一覧表
ができていました。9時半からの8枠に7名の予約が入っていました。「一人
25分の相談で5分の入れ替え時間があります。時間になったら次の方がノック
することになっています」と，この園における個人面談の手順を教わりました。
右も左もわからない園内でさっそく保護者相談が始まりました。途中に1名の
欠席者がありましたので，その空き時間に次の相談者の子どもの様子を見てお
きたいと思いました。はじめて園内を歩くことにためらいがありましたが，子

169

第Ⅱ部　心理臨床を保育に活かす

どもたちや保育者には首から下げた名札を示して「こんにちは」と挨拶をしながらクラスを探し，ほんの10分でしたが子どもの様子を見ることができました。この貴重な保育観察を次の保護者相談に活かすことができました。

　M子の保護者の気がかりは「年少のころは園に慣れていないからと大目に見ていたけれど，年中になっても相変わらずで，外遊びをしないし，友だちとも遊ばないし，人だかりを避けるし，言いたいことも言わないのです。人ごみに慣れさせようと外に連れ出し，言わないとわからないよと言い聞かせていますが，変わりません。どうしたらもっと積極的な子になりますか」とのことでした。筆者からは「ほんの10分でしたが」と先ほどの子どもたちの様子を伝えることにしました。「M子を見てくださったのですか」と喜ばれました。

　　遠足に備えて年中組の子と年少組の子が手をつないで，歩く練習のため，園に隣接する畑を見に行くところでした。年中組にとっては年少組の子と手をつないで歩くのは簡単ではない様子でした。手が離れてしまい自分の相手がわからなくなったり，列が離れてしまったりしながらもなんとか畑に着きました。手をつないだままジャガイモ畑といんげん豆の畑を見ました。すると，すぐそばに子どもの背丈に育った竹の子がありました。保育者が驚いたように「竹の子さんがこんなに大きくなったのね。今日の給食は竹の子ご飯です。ちょっと触ってみましょうか。順番にどうぞ」と言いました。真っ先に一人で竹の子に向かう年中さんや，手をつないだ年少さんを引っ張って急ぐ子など，竹の子を取り囲むように子どもたちが群がりました。その中でM子は一番後ろに並び，年少さんを気づかいながら安全にエスコートしていました。優しくて落ち着いていて素敵な年中さんの姿でした。そして，二人は最後にゆっくり竹の子に触れることができて満足した様子でした。年少さんにとっては安心できるお姉さんの役割を果たしていました。

　「一番後ろに並び」のところで，「やっぱり」とがっかりした保護者でしたが，最後には「うれしいです，そういう見方を聞いたのははじめてです。ほかの子と比べてはいけないとは思っていても，どうしても活発な子がうらやましくて，うちの子に足りないものばかりを求めていました。情けなくて怒ったことも

170

あってかわいそうなことしました。うちの子をていねいに見ていただいてありがとうございます。そう，うちの子は優しいんです」と涙ぐまれました。

2 保育現場における乳幼児動作法の可能性

（1）幼児動作法

　2004年度，秋田県就学前教育進行プログラムの一環で「幼児期における心の育ち調査研究」が３年計画で行われました。当時，秋田大学教授として動作法による幼児の発達支援について調査研究を牽引していた鶴光代教授（東京福祉大学）は，2006年にその成果「心の発達を動作でサポート——幼児動作法」を『３・４・５歳児の保育』10/11月号に掲載しました。「幼児動作法は心理療法のひとつ臨床動作法に基づいています。『人の心の動きは動作と共にある』とし，動作の問題を改善することで，心の困難・不調をよりよい方向に変えていこうとする方法です」（鶴，2006）。この秋田県の取り組みを当時の滝口俊子放送大学主任教授が2007年度放送大学科目「乳幼児・児童の心理臨床」で「動作法の理論と実際」として取り上げました（滝口，2007）。実際の幼児動作法グループの様子が放送教材で紹介されました。保育者と子どもたちがセラピーマットを敷いた広い空間に円座になって集まり，鶴教授が課題として示した動作に取り組みます。たとえば，おとなしく引っ込み思案が目立つ幼児が課題の動作に真剣に取り組むプロセスを保育者が援助します。課題の動作が達成できたときの子どもは自信のあるよい表情になり，自分から話すように変化していく姿は映像だからこそ印象深く伝わってきました。「保育者が動作法の援助をすることで，今まで見えなかったその子の特性が細やかに見えてきます。一人ひとりの子どもに向かい合ったときに，その子の特性をキャッチする力が磨かれるのです」（鶴，2006）。この貴重な放送教材により臨床心理士仲間と幼児動作法の学びを続けてきましたが，今後は保育者とともに学ぶ場を企画したいと考えています。

第Ⅱ部　心理臨床を保育に活かす

（2）赤ちゃん動作法

　藤吉晴美教授（吉備国際大学）は2012年「乳幼児健診における心理支援——福岡県直方市における4ヵ月乳児への心理支援」で赤ちゃん自身に直接アプローチできる臨床動作法による育ち支援を提案しました。直方市では健診スタッフが赤ちゃんをあやしながら「おもちゃに手が出ない，反りが激しく抱かれにくい」といった動作の問題をチェックし，赤ちゃん動作法によるかかわりを実践しています。「おもちゃに手を伸ばさない，反ってしまう，眠たいときに眠れない，些細な刺激にセンシティブに反応してしまい不愉快が続く，といった一見独立したようにみえる問題も，動作学の立場からすると共通要因がみえてくる。その赤ちゃんに何らかの影響で不快な体験が重なってしまい，結果としてからだに力を入れ固まらせ，それ自体がさらに不快になり，思うように眠れないしビリビリしたまま号泣も止まらないととらえることができる。これはまさに動作の問題であり，これを変えるためには言葉での援助が通じるはずもなく，唯一，動作法による支援以外に方法はない。動作を変えることでからだとこころが変わり，赤ちゃんが動きたいように自由にのびのびと活動できるようになる。つまり，動作法は赤ちゃんの生き方を変えるお手伝いをしている」（藤吉，2012）。

　今後，保育所で働く保育者とともに赤ちゃん動作法を学ぶ機会をもつ方向で取り組みたいと思っています。

3　保護者を労う「子育てストレスへのリラックス法」

　子育て中は抱っこやおんぶなどで肩や腰に負荷がかかる毎日です。保護者は子どもの求めに応じることが先で，自分の体のことはついつい後回しになりがちです。夜中の授乳，寝つきのよくない子どもへの添い寝，夜泣きなどで，睡眠不足にもなりがちです。無理が重なって肩凝りや腰痛などがひどくなり体が不調になれば，心だけが健やかというわけにはいきません。心のゆとりを失いイライラして子どもを追い詰めるような叱り方をした自分に落ち込み，子育て

172

第9章　様々なかたちでの子どもと保護者への支援

に疲れ切ってしまう保護者と出会うことが増えてきました。心と体は一体ですので，まずは体を労うリラックス法（漸進性弛緩法の応用）を体験して，心にゆとりを取り戻す援助を心がけています。椅子でも練習できますが，家庭では眠る前に仰臥位で行うと入眠も睡眠の質もよくなります。以下の①から⑦までをゆっくりと行いますが，途中で眠っても大丈夫ですし，二度三度くり返してもいいです。

①就寝前や目覚めのときに仰臥位のまま行います。はじめに体の各部位にゆっくりと順番に注意を向けてみます。頭，顔，首，背中，腕，胸，腹，腰，脚，足の順に，目を閉じたままで楽に眺めていく感じです。

②床に向けた手のひらが床と垂直になるようにゆっくり手首をまげます。動きが止まったところで腕の筋緊張の部位に注意を向けてキープします。これが緊張の感じです。手首をゆるめて，腕のジワーとした感じに注意を向けて，ほっとします。

③足首をゆっくりまげます。動きが止まったらまっすぐな脚に注意を向けてキープします。これが緊張の感じです。足首をゆるめて脚のその感じに注意を向けて，ほっとします。

④胸を開く要領で，背中が床から少し離れたらそこでキープします。胸・肩・背中の緊張が感じられます。その力をゆるめて背中が床になじむ感じに注意を向けて，ほっとします。

⑤尻をキュッと閉める要領で，腰周りを緊張させます。少しキープしてから，その力をゆるめて，ほっとします。

⑥瞼を閉じて酸っぱい顔をします。表情筋の緊張です。顔をふわっとゆるめてほっとします。

⑦そのまま，重力からフリーになった体の感じにぼんやり注意を向けて，ほっとします。呼吸に注意を向けて，吐く息を細く長くしてゆったりと腹式呼吸をくり返すと，よりリラックスできます。

173

第Ⅱ部　心理臨床を保育に活かす

4　災害時の保育と心理臨床

（1）災害時の子どもの遊び

　2011年3月11日に東日本大震災と津波により起きた東京電力福島第一原子力発電所の事故から2018年で7年目を迎えました。福島県双葉郡双葉町の住民と役場の職員が埼玉県のさいたまスーパーアリーナの通路で3月31日まで避難生活をしていた当時，ボランティアの保育者と臨床心理士で作った保育班で乳幼児のミルクと沐浴に関する生活支援に取り組みました。同時期の3月には，山梨県清里のキープ自然学校が福島県の避難所から県外避難を希望する子育て家族を招いて，生活支援と子どもの外遊びを提供する「あんしんの森プロジェクト」を企画しました。筆者は子どもの保育スタッフとして手伝いました。6月になると，福島県臨床心理士会により，福島県内避難所でストレスをためている親子に「親子遊びと親ミーティング」の活動が始められ，その応援に行きました。放射能により外遊びが制限されていた当時はもっぱら室内遊びでした。災害時の支援で，はからずも保育者とともに活動することが重なり，子どもの遊びと保育者の仕事と心理臨床について考える機会を得ました。

（2）福島県内避難所における室内遊び

　地震と避難所生活を経験しながら外遊びをも制限された親子のストレスは大きいものでした。避難所の狭いスペースで保育者が工夫した室内遊びは，エネルギーを持て余している子どもは思い切り身体を使い，疲れている保護者には身体に優しい親子遊びのメニューでした。保育者の奮闘する姿と，久しぶりの遊びに目を輝かせて「もう一回！」と繰り返す子どもたちの姿を忘れることはできません。中でも印象に残っているのは「お母さんのトンネル」遊びです。

　親子遊びの後は母子分離して親ミーティングの時間です。筆者は冒頭の10分間に保護者がほっとできるリラックス法の体験を提供しました。子どもを守っての避難生活では睡眠も不足しがちで肩の凝りもひどくなります。まずは身体

174

第9章　様々なかたちでの子どもと保護者への支援

をねぎらい，心が落ち着いてから話し合いを始めることを心がけました。現在も福島県で「NPO法人ハートフルハート未来を育む会」が企画する「親子遊びと親ミーティング」のお手伝いに参加しています。そのたびに，県外からは見えない震災の爪痕に気づかされています。

「お母さんのトンネル」遊び

（3）県外避難による外遊び

2011年3月，山梨県清里のキープ自然学校の「あんしんの森プロジェクト」に参加しました。福島県の子どもに外遊びを提供するという活動は，阪神淡路大震災を体験したスタッフの発想から生まれたと知りました。保護者たちが次の生活の場を決めるための情報収集や手続きなどに奔走している間，筆者は子どもたちに暖かく安心な生活環境と外遊びを提供する保育スタッフの一員となり，とくに子どもの心身の健康状態に気を配りました。

　N男くんの両親は公務員のため福島を離れることはできず避難所に残り，2年生のN男くんはおばさんと一緒に清里へのバスに乗りました。清里では元気も食欲も無く外にも行こうとしませんでした。3日目にようやく外に出てきたN男くんはぼんやりと子どもたちが川のほとりで遊ぶ様子を見ているだけです。大自然の中では何かをして遊ばなくても，川が流れ，空には雲が流れ，木々が風に揺れ，鳥の鳴き声が聞こえ，そこにいるだけでいいと思えました。震災の恐怖と避難生活で混乱した心が穏やかになるようにと見守りました。

自然の中で一日を過ごしたN男くん（左）

175

第Ⅱ部　心理臨床を保育に活かす

> そのとき，川に張った氷を取ろうとしていた4年生の男子から「これ頼む」とリュックを託されました。野外道具の入った大事なリュックを背負うのは子どものリーダーの役目でした。そのリュックを背負ったN男くんは誇らしげに見えました。この日の帰り道では一番小さな女の子の手を引いて歩くN男くんの姿がありました。林の中を歩いて行く二人の後姿を見ながら，自然の力に感謝しました。

5　自然の中で遊ぶ子どもの姿

「あんしんの森プロジェクト」のご縁で，キープ自然学校の保育者から子どもたちのエピソードを聞く機会がありました。自然の中で育つ子どもの姿に触れ，子どもを待つ保育者のおおらかさを知りました。都市部で保育心理臨床の仕事を担う筆者自身の軸足が自然から離れて人為的な方向に傾いているように思えてきました。バランスを保ちつつ子どもの幸せな育ちに寄与できる心理臨床に精進したいと思います。

　最後に，自然の中で育つ子どもの姿を紹介したいと思います。

> ●エピソード：問題解決の方法は笑うこと（3歳児）
> 　クリスマスの日，お弁当を持って小さなもみの木に会いにいきました。朝から森の中を歩いてきた3歳の子どもたちは目的地まであと少しのところで疲れが出たようです。立ち止まってぐずり，先頭からかなり遅れてしまいました。
> 　すると，急に笑い声が聞こえてきました。3歳担当の保育者が笑いのおまじないをかけたようです。大笑いしては「もう一回〜！」，ゲラゲラ笑って「もう一回〜！」。大笑いが広がり，みんなで「もう一回〜！」の大合唱が繰り返されます。歩きながら30回も40回も

自然の中で大笑いの子どもたち

第9章 様々なかたちでの子どもと保護者への支援

「もう一回〜！」を繰り返すうちに，先頭に追いついてきました。朝はお母さんから離れられなくて泣いていた子もつられて笑い出し，しぶしぶ同行してきたお母さんの表情も柔らかくなりました。

●エピソード：太陽に雪を投げる　O子ちゃん（6歳）
　真冬の散歩から帰る途中の氷点下10度の夕方のこと，年長のO子ちゃんは低くなった太陽に向かってサラサラの雪を投げて「ダイヤモンドみたい！」と雪原に座り込んで，雪をすくっては投げ，すくっては投げて見とれています。立ち上がったと思うと，帽子が脱げるのもおかまいなしに全身で雪を投げ始めました。そのダンスのような美しい姿にこちらも見とれてしまい「早くみんなのところへ行こうよ」とは言い出せません。集団から離れてしまうことが気がかりで，先頭をいく保育者が心配しているのではないかと気になる思いに駆られながらも，じっくり腰をすえて待つしかないとようやく覚悟を決めました。その途端，ふいにO子ちゃんは「あ〜暑い！」と言いながらみんなを追いかけて走り出しました。自分で始めた遊びを夢中になって繰り返し，そして自分で終わりにしたO子ちゃんの満たされた姿に，あらためて「待つ覚悟」を教えられた思いがしました。

サラサラ雪を太陽に投げるO子ちゃん

●エピソード：雪のブロックを並べる　P男くん（5歳）
　この日の午後は，雪の上で焚き火を囲み，おやつを食べることにしました。さっそく火をおこしておやつを焼く子，焼けたおやつを配る子，夢中で食べる子など，おやつの時間の姿はそれぞれです。ふと見ると，P男くんは凍った雪の上に腹這いになってカップで作った雪のブロックをひたすら並べています。そのうち，P男くんがおやつを食べていないことに気づいた子が「おやつだよ」と声をかけますが，聞こえないようです。すると「寒いから持っていく」

177

と，温かいお茶とおやつをP男くんに届けました。それでも気づかないP男くんのそばに「ここに置いておくね」とおやつを置き，「いま一生懸命だもんね」とつぶやきました。P男くんの夢中をわかっているようです。間もなくP男くんは「さささ，寒いよ〜！」と立ち上がり，温かいお茶をおいしそうに飲みました。

雪のブロックを並べるP男くん

「迷惑をかけなかったでしょうか」と心配顔で迎えに来たP男くんのお母さんにこの日の様子を伝えますと，周りの子どもたちのかかわりがうれしいと涙を浮かべました。P男くんは幼稚園と並行して療育にも通っているそうです。周りに迷惑をかけないようにと，叱ることの多い毎日のようです。マイペースで遊ぶP男くんは幼稚園では一人でいることが多く，その姿は仲間外れにされているように見えてお母さんの心が苦しかったようです。

〈文　献〉

藤吉晴美　2012　乳幼児健診における心理支援——福岡県直方市における4ヵ月乳児への心理支援　臨床心理学，**12**(3)，329-336.

坂上頼子　2015　保育カウンセリングの実際　滝口俊子（編著）　子育て支援のための保育カウンセリング　ミネルヴァ書房　pp. 19-40.

滝口俊子　2007　乳幼児・児童の心理臨床　日本放送出版協会

鶴光代　2006　心の発達を動作でサポート——幼児動作法　3・4・5歳児の保育，10/11月号，32-37.

コラム10　天災と喪失，そして子育て

遠山千尋

　私は，三人の子どもたちとともに生きる母親であり，日々自分を見つめ他者と向き合う駆け出しの心理臨床家でもあります。そんな私は，奇しくも子どもを抱えながら，東日本大震災と熊本地震という二つの大きな天災に遭い，時を同じくして大切な人との突然の別れを経験し，その土地土地で，人間の力をはるかに超えたどうしようもない喪失を己の糧としてきました。そこから得たものは，人間の無力感以上に，生かされているという不思議なパワーとやるべきことをやって生き抜いていくという強さでした。

　大きな揺れのあったあの日，私は子どもたちを守るために必死でした。震災直後は，どうしたら安全に過ごすことができるかを考えながら動くことに，自然と通常以上のエネルギーがわき上がりました。少し時間が経ったころに子どもたちの不安感や恐怖感も高まります。そしてそれを支えようと奮闘する大人たちの心も疲弊し，様々な不安が押し寄せてきます。それでも幸いなことに，次第にライフラインや生活面の支援が充実してきて，少しずつ安心した生活が取り戻せるようになってはじめて，徐々に心も体も回復していくものであることを感じさせられました。

　天災や喪失というものは普段は向き合う隙もみせませんが，案外日常生活のすぐ隣に待ち構えていたりするものです。いつどこで何がおきるかわからない社会で子どもたちの命の近くにいる者として，常日頃から意識し備えておくことは，言わずもがな大切なことです。ただ，天災や喪失は，怖いものではありません。たしかに対処するためのスキルや準備は必要です。一筋縄ではいかず，回復までにとても時間がかかり，辛い作業を伴うことも確かです。でも，痛みばかりではないのです。喪失の痛みを経験したからこそ，本当の意味でその苦しみを人と共有し，助け合うことができます。そのときに私たちは，まわりの人と手をとり合って生かされていることを心底実感し，そのことに支えられながら，また「自分を生きる」ことができるのではないでしょうか。私は心理臨床家として，己が感じたこの痛みがきっと誰かの力になるのかもしれない，そう思えたとき，この喪失と向き合い，付き合っていくことができるような気がしました。

　それは，母親としても同じです。あの前触れなくあたりまえの日常が突如として消え失せる恐怖を経験したからこそ，ただ子どもたちがいてくれることにこの

第Ⅱ部　心理臨床を保育に活かす

上ない幸せを感じ，些細なことにありがたみを感じることができます。そういった心もちで日々子どもたちと接していると，ふと気づかされることがあります。それは，親と子どもはともに苦行を乗り越え，育ち合う存在であり，子どもたちそれぞれの個性という宝物を大切にして，子どもたち自身がその個性を信じて生き抜く力を育んでいくことが母親としての使命なのであるということに。子どもたちもまた喪失と隣り合わせの中に生きていて，その中で親としてできることは，子どもたち自身が自分を信じて，何かあったときに対処できる力，すなわち行動力を育むことであり，そして，一人では生きていけないからこそ，まわりの人々を大切にして手をとり合って生きていくことの大切さを，身をもって伝えることなのではないでしょうか。

　熊本地震後，私は緊急支援の保育カウンセラーとして，保育者向けの研修やケース相談，保護者の個別相談に応じてきました。その中で，もっとも胸にわき上がってきたことは，「だいじょうぶだよ」という言葉でした。実際はけっして安易に大丈夫とはいえない現実の中で，それでも私の中に強くこみ上げてきたこの「だいじょうぶだよ」という叫びは何であったのでしょう。子どもたちの中には，地震ごっこをしたり，緊急地震速報の音をまねて遊んだり，絵を黒色でぐちゃぐちゃに塗りつぶしたり，食べものを飲みこめなかったり眠れなかったり，ちょっとした物音や振動に敏感になったり，それぞれが小さな心で戦っていました。そんな子どもたちの側で，保育者は「いつも通りの生活」を早い段階から心がけ，さらに「いつもより多くのスキンシップや温かいまなざし」を意識して日々の保育に懸命に臨んでくださいました。保護者の中には，離れることを嫌がる我が子の姿を通して，自分自身の中にくすぶっていた子どもへの本音というものに派生的に気づかれた方もいらっしゃいました。一人ひとりが，そのように一歩ずつ，大変な状況の中から大切なあたりまえのことに気がつき，そしてそのあたりまえのことに感謝をして，助け合いながら日々歩んでいく。そんな社会の端々の動きから，心底わき上がる，根拠はないけど確かな「だいじょうぶだよ」。大変な状況になったとき，人は助け合いながら，やれることをやれる範囲でやっていくしかありません。そうして，気がつけばなんとかなっていき，またその中でなんとかやっていくものです。それを回復力と呼び，また人は大きく生まれ変わるのかもしれません。

　かく言う私も気がつけば子育てにはまってしまい，同志である子どもたちとともに個性を享受した一人の人間として成長の歩みを進めようとする日々であります。そう，それも日々の喪失と向き合いながら。

第10章
子育て支援のコラボレーション（協働）

青木紀久代

第Ⅱ部　心理臨床を保育に活かす

　子育て支援の充実が必要だと叫ばれて久しい昨今ですが，現場の多様なニーズに対応するために，保育者等の支援者にとっても様々な助言が必要になる機会が増えています。

　子育て支援従事者や保育者たちのニーズにこたえる専門家の一人に臨床心理士をはじめとする心理臨床家がいます。保育者から受ける相談内容は，とても多彩です。

　本章では，心理臨床家が保育や子育て支援の現場で，どのように協働的に活動していくのかを概観します。

　まず，保育者と協働して，保育の場で心理臨床を行う場合を考えます。心理臨床家は，保育者が子どもへの援助や保護者に対する支援を行うためのコンサルテーションをしていきます。

　次に，地域の子育て支援の現場での心理臨床を行う場合を考えます。二つの現場は，類似するところもありますが，独自性も多くありますので，この辺りを具体的に把握することが本章の目指すところです。

1　子育て支援におけるコラボレーションとは

（1）協働的関係を築く

　子育て支援者には，当事者同士の助け合いや，地域の志のある人たちによるボランティアも含め，じつに幅広いバックグラウンドをもった人たちが含まれます。そのような志のある人たちが集まり，試行錯誤で問題解決にあたるというのが，実践の現実です。

　このような場では，一つの専門的な知識によって助言を与える人と与えられる人といった関係よりも，お互いに協力し合って問題の解決や改善を目指そうとするあり方が功を奏します。つまりこれがコラボレーションであり，ここでは，協働と呼ぶことにします。

　そもそも，保育所が地域の子育て支援や保護者支援に適していると考えられる理由の一つは，一つの園の中に子育て家庭に必要な，様々な専門家が働いて

182

第10章　子育て支援のコラボレーション（協働）

いることです。これまで保育者をはじめとして，栄養士，看護師，医師，臨床心理士などの心理職が子どもたちの発達を日常的にサポートしていますし，行政のバックアップもありますから，福祉の援助資源も，かなり身近に活用できるようになります。

　園の中で一つの問題が生じたときに，自然とこれら複数の専門性をもった人たちが一緒にその解決に向けて力を合わせることができます。協働的に問題解決をしていく人的資源が豊富だと言えるでしょう。

（2）コミュニティ援助の発想から生まれるコラボレーション

　学校も保育所や子育て支援施設も，一つのコミュニティです。すなわちコミュニティとは，地理的意味での地域に加え，共同体の感覚をもつ人たちで作られる社会的集団や組織を含んでいます。

　たとえばスクールカウンセラーの心理臨床は，学校というコミュニティを援助する，コミュニティ・アプローチが基本となります。コミュニティはシステムとして機能しており，その中での個人の不適応の問題は，つねに文脈（環境）的な視点から理解されます。コミュニティ・アプローチは，このシステムに介入し，個人の生きるシステム全体が変容していくことが目指されます。システムに介入する，というところが，最初はイメージしづらいかもしれません。たとえば，ルールや制度づくり，人的物理的環境や対人関係に働きかけて問題を改善しようとすることなども考えられます。

　ところで，子育て援助とは呼ばずに子育て支援，コミュニティ支援とは言わずにコミュニティ援助，というように，用語の使い方は，混在しているのが現状です。重要なことは，子育て支援は，コミュニティ援助の基本となる援助者と被援助者の間にパワー関係を持ち込まない視点，被援助者の主体性を尊重する視点の二つを有しているところです（青木，2011）。このような視点を共有

（1）　本章では保育の場として，保育所という用語を使いました。これには，認定こども園，および幼稚園も想定していますが，乳児保育が可能な場を主として紹介しています。

183

するもの同士が複数で問題の改善に向けて協力し合うことが，コラボレーションであり，新しい何かが生まれてくる土壌を育てるのです。

2 コラボレーションで行う心理臨床家の主な活動

図10-1は，子育て支援の場で心理臨床家が行う様々な活動をコミュニティ・アプローチとしてまとめてみたものです。

この図の中のいくつかのキーワードに触れていきましょう。

(1) 支援者支援としてのコンサルテーション

保育者は，園の外部の専門機関はもとより，自分の園にある様々な援助資源が使える強みをしっかりと自覚したうえで，事の対処にあたるべきです。孤立無援の状態で，保護者の相談を安易に受けることは，多くの危険もあることだと言えます。

具体的には，自分とは異なる専門性をもつ人々に，保育で抱える様々な問題を解決していくための相談をして，必要な情報や助言を得るわけです。こういう相談をコンサルテーションと呼びます。コンサルテーションの大事なところは，違う専門性をもった者同士が，お互いの専門性を尊重する対等な関係の中で行われるものだということです。

図10-1 子育て支援におけるコミュニティ・アプローチの要素
(出所) 青木 (2016)

第10章　子育て支援のコラボレーション（協働）

別の言い方をすると，保育者とは異なる専門家が，保育内容を一方的に指導することはできないのです。それと同時に，保育者もまた，上下関係の中で，相手に依存するということもできません。当然ながら，最終的に様々な助言を生かして，自分の責任で事に当たらねばならないのです。このようなコンサルテーションにおける両者の関係性は，先述した協働的関係の構築に必須のものです。

（2）巡回相談におけるコンサルテーション

ここで，巡回発達相談を考えてみましょう。これは，保育所に心理臨床家が出向き，発達の気になる子どもについて保育者に助言をするという活動で，各自治体で広く制度が整ってきたものの一つです。

心理臨床家は，自治体から依頼のあった保育所に派遣されます。午前中に子どもの生活の様子を観察し，発達検査などをした後で，子どもの発達の状況や保育で取り組むべき課題について，保育者と話し合います。

多くの場合，保育者は，その子どもの保育に困っていたり，迷いが生じたりしているので，外部から来た自分とは別の専門家に，依存的になりがちです。また，心理臨床家が，専門家としてきちんとした仕事をしなければと身構えていると，かえって相手に馴染みのない専門用語を使いすぎて，保育者にとって実のある理解に至らずに終わってしまうようなことになりかねません。

しかし，保育者が何の疑問ももたずに，助言を言葉通りに受け取って，子どもに接してしまうようでは，よい結果にはつながらないでしょう。当然ながら，子どもの生活を広く見渡し，またその変化を長く見ていくことができるのは保育者です。固定的な一つのかかわりの技法が，万能かつ永続的に機能できるはずもありません。巡回発達相談にとって，大切なことの一つは，問題解決に向けて一緒に知恵を絞りながら，保育者が主体的な子ども理解を進められるように援助することなのです。

185

第Ⅱ部　心理臨床を保育に活かす

（3）間接的支援は重要な役割

　一方で，子育て支援者支援などというと，非常に間接的であり，要するに支援者自身が自己研鑽して技量を高めさえすれば必要ないことだ，という人もいます。けれども，こうした考えは，子育て支援の本質的な理解のないところから生まれてくる誤解でありましょう。

　保育現場は，子育て家族の暮らしに密着しているため，子どもや家庭の問題が，毎日ありとあらゆるかたちで投げ込まれてきます。何をどう整理してきちんとした支援につなげればよいのか，あるいは保育の範囲で支援をどうしていくのか，通常の業務に加えて待ったなしでこれらを全て適切に判断することなど，できなくて当然です。的確なコンサルテーションが，保育者自らの洞察を促進させていくことでしょう。

　また中には，困難な状況にある支援者のメンタルヘルスを個別にケアすることもあります。たとえば職場のストレスが強い状況の中では，保護者と対立したときにも，職員がチームで対応していくことが困難になり，バーンアウトが起きやすくなります。こういうリスクを普段から低減させるよう，園の職場環境を改善していくために，職員がエンパワーされるような園内研修を企画することなども，コミュニティ援助に大きく貢献します。筆者は，心理臨床家にとってなじみ深いケースカンファレンスを，保育者と行う機会を多くもっていますが，職員が一つのケースをじっくりと話し合う機会をもつことにより，園の子ども理解の技量が確実に向上する手ごたえがあります。

　このように，心理臨床家にとって，子どもと親に直接かかわる心理臨床に加えて，保育者や保健師，あるいは指導員など，現場の支援者を支援するという間接的な支援も，大変重要な活動となります。むしろ通常の臨床活動よりも高度な応用編となる領域ではありますが，試行錯誤しながら保育者等と協働しています。しかしまだまだ支援者支援を行う心理臨床家の数は，学校への配置が制度化されているスクールカウンセラーなどに比べると多いとは言えず，活動の全容を整理することも難しい現状があります。

186

第10章　子育て支援のコラボレーション（協働）

3　保育の現場でのコラボレーション

（1）チームで保育を作ることに参加する

　保育の場で心理臨床家が行う活動について，具体的にまとめたものが図10-2です。まず，支援の対象が，子どもなのか保護者あるいは保育者なのかによって異なります。

　支援の内容と対象によって，心理臨床家と保育者との関係もダイナミックに変化します。先述したように，保育者との対等な関係の構築が，コラボレーションに欠かせないものですが，多様な問題に対処していく過程は，一つの問題に一つの対処というようなパターン化したものではなく，もっと動的な展開になるでしょう。

　たとえば，災害時の緊急支援や，保育の日常的コミュニケーションだけでは困難が生じるようなかかわりの難しい保護者への対応などが問題となった場合，一時的に心理臨床家の判断や助言によって，保育者を強く支える必要が出てきます。

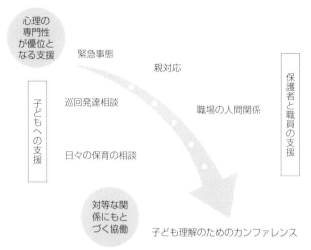

図10-2　保育の現場における心理臨床家の活動内容

第Ⅱ部　心理臨床を保育に活かす

　巡回相談などは，一回の相談でかなりの助言を求められますので，対等性を意識しながらも，専門性を生かした子どもの発達に関するアセスメントのフィードバックは欠かせません。一方，一つの園で継続的に心理臨床ができれば，子ども理解を深めるための相談や，職員のメンタルヘルスなどの相談も依頼されることがあります。結果として，心理臨床家は，現場で一緒に保育を作り上げるメンバーとなってコラボレーションが実現できるでしょう。

（2）保育相談支援を援助する

　ところで，保育者が保育の場で保護者に対して行う相談実践を，保育相談支援と言います。保育相談支援とは，保育者の職務で言うと保育指導にあたります。つまり，子どもの保育の専門性を有する保育者が，保育に関する専門的知識・技術を背景としながら，保護者が支援を求めている子育ての問題や課題に対して，保護者の気持ちを受け止めつつ，安定した親子関係や養育力の向上をめざして行う子どもの養育（保育）に関する相談，助言，行動見本の提示その他の援助業務の総体を指しています（橋本，2010）。

　指導というと，未熟な保護者を教育するといった誤解を与えるかもしれませんが，そのようなものではけっしてありません。むしろ，保護者の子育てを承認し，支持していくことが大前提のかかわりで，保育者の専門性を生かした子どもの発達やかかわり方の解説や情報提供，あるいは具体的に見本を示すところまで広く含まれます（青木，2015）。

　もっとも，「相談を受ける」というのは，保育相談支援の一部であって，保育者の方が先に保護者に対して支援の必要を感じて始まることも多いのです。

　青木（2002）は，保育の場でカウンセリングが生じる事態を表10-1のよう

表10-1　保育カウンセリングが生じる事態

```
①　保育の中で，子どもの心身の発達状況に問題が感じられるとき
②　日常の保育の流れの中では対応しきれないような問題行動を呈するとき
③　家庭に問題が感じられるとき
④　保護者から相談の申し出があるとき
```

（出所）　青木（2002）

第10章　子育て支援のコラボレーション（協働）

に，四つに分類しました。

　相談したい動機づけが保護者の方にあって，これに応じる形で始まる相談が，いわゆるカウンセリングと呼ばれるものの前提にもっとも近いと思われますが，①から④のうちで，はじめからその条件を満たすものは④だけです。

　カウンセリングの理論は，ソーシャルワークにおける対人援助にも広く援用されています。保育は，子どもの福祉を目指す営みですから，ソーシャルワークの基本的なスタンスと方法には，共通性が多く見られます。

　たとえば，傾聴や共感的理解といったものは，対人援助の基本的姿勢として相談の構造にいちいち左右されるものでもない，ともいえるかもしれません。しかし，これらを実践することがどれほど難しいことか，多くの保育者が実感することでしょう。

　いずれにしても，保育者が直面している現場の状況の中で，保育相談支援が行われるわけですから，いわばその実践が展開する舞台に合わせて，保育者自身が様々な理論や技法を仕立て上げて，はじめて使えるものになります。保育者のこのプロセスを援助・支援することが，心理臨床家の支援者支援なのです。

（3）保護者を直接支援する場合

　また，保育の場で心理臨床家がさりげなく保護者と接することもあります。保育現場では，保護者の保育参観や保育参加のシステムが広く置かれています。周囲に特別感を与えずに，保育の場で保護者に子どもの様子を見てもらうことができるので，個別の相談というかたちにならなくても，子ども理解を共有していくことが可能になるでしょう。

　ただし，個別相談の場と違って，観察場面は構造化されていません。心理臨床家は，保護者の近くにいて，子どもの様子を話題にして共有するところまでのかかわりで終わることもありますし，逆に後に面談を設定しておく場合もあります。どんな場合でも，非構造的な場の特性を生かしながら，保護者が子どもの発達と関係性について内省的に理解できるようなフィードバックを工夫していきます。

第Ⅱ部　心理臨床を保育に活かす

　自然発生的に見られた子どもの様子から，行動の意味を，保護者にわかりやすくいかに解説するかが鍵となります。日常的な場ですので，子どもや保護者について，内面的な葛藤を深く解釈するような説明は，保護者の理解を超えるリスクが高く，適切とは言えません。むしろ，保護者が自分でそれを探索できるように援助していくことが望ましいのです。

　一般的には，子どもの長所から伝えていきますが，望ましくない部分も，その情報がもたらす感情的影響を考えた伝え方を工夫した上で，きちんと伝えていきます。たとえどのような問題であっても，親としての尊厳を保障し，批判されない文脈で，子どもとの関係を振り返るプロセスを作り上げることが重要なのは，当然のことです。

　診断的な結果を受容するかしないか，といったこと以上に，子どもの行動は理解できないものではなく，むしろ自分のこだわりや葛藤が，思いもよらぬところで子どもに不要な誤解や苦痛を与えているかもしれない，あるいは，自分の意識していない些細なことで，子どもをこんなに元気づけられるのだ，こんなに育っていたのだ，といった保護者の自発的な気づきが，子どもへの愛情ある保護的なかかわりを回復させ，また保護者自身をエンパワーしていくことに役立つでしょう。

4　子育て支援の現場でのコラボレーション

（1）当事者の助け合いから生まれるエンパワーメント

　地域の子育て支援施設は，多岐に渡ります。運営主体も，公的機関が行うものだけではありません。民間によるものも，沢山あります。たとえば，子育ての仲間同士が助け合う中で，子育て支援のNPO法人などが立ち上がり，複数でネットワークを作り，社会的な発信を行っていることはしばしばみられます（橋本・奥山・坂本，2016）。

　子どもを預かってもらおうとしていた人が，子育ての自助グループを組織したとき，たんに援助を求めるだけでなく，自らも子どもを預かり，他者を助け

190

第10章　子育て支援のコラボレーション（協働）

る存在となるというような場合，まさにエンパワーされていると言えるでしょう。このとき，子育ての援助を必要としている人が，みずからが生活の主体となって，個人や組織，地域・社会と三つの次元で力を発揮できるようになっていくのです。

当事者視点の支援には，沢山の人が集まり，新しいアイディアが生まれ，コラボレーションが次々に展開していきます。これは，子育て家族の多様なニーズに応えていくためにも，大変望ましいことだと思います。

（2）多様な相談の構造を強みにする

このような子育て支援の現場で，心理臨床家も様々な形で心理臨床を行っています。相談の形態一つとっても，本当にいろいろです。

図10-3は，地域子育て支援拠点で行われる相談の構造を整理してみたものです。

子育てひろばは，基本的に開設日の開設時間であれば，いつ来て，いつ帰ってもよいところです。こういう出入りが自由な場で，中には，親子向けや親向けのイベントが行われていたりします。はっきりと育児相談などを掲げているところもあります。

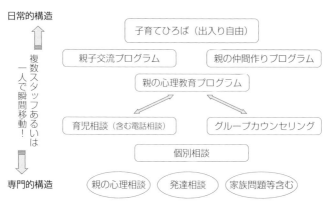

図10-3　子育て支援拠点における活動と相談の多層的な関係
（出所）　青木（2010）

第Ⅱ部　心理臨床を保育に活かす

　皆と自由に交わっているときに，ちょっと心配なことを聞いてみたい，と
いったニーズへの対応から，もっと個人的に相談したいというニーズへの対応
まで，相談の構造もかなり異なります。

　図10-3の全てのプログラムをもつ子育て支援拠点は，かなり大きなもので
すが，一日で同時には開けなくても，月ごとのプログラムにこれらが盛り込ま
れていることもあると思います。複数の心理職が置かれている場合には，それ
ぞれの持ち場で，ということになりますが，実際には，一人で異なる相談構造
に入らねばならないことも多いでしょう。

　たしかに大変なことなのですが，これが案外と強みになるものなのです。と
いうのも，あくまでも日常的に，深刻にならない場で，大事なことをちょっと
聞いて帰りたい，というのが，大方の親の望みであるからです。誰もがほどほ
どの幸せな日常生活を送りつつ，こうした施設へ子どもとやってくるものだと
思っていますから，じつは深刻な悩みがあります，とはなかなか言いづらい。
でも，心配が続いている中で，専門家がいれば，ちょっとしたきっかけがほし
い。現実の子育てをする親は，こんなふうに心がいつも揺れていて当然です。

　入口でいつも迎えてくれる心理臨床家に心を通わせていたからこそ始まる相
談は，とても多いと思います。そのときに，さっと個人の相談ができる場を作
れるということは，むしろこうした施設での強みではないでしょうか。

　心理臨床家は，自分の立ち位置をつねに振り返りながら，今，ここでなすべ
き援助を選び取る必要があるのです。

5　コラボレーションの発展へ向けて

　心理臨床家が良質な子育て支援のシステムを作り上げることに貢献したなら
ば，次は，そのシステムへの持続的な関与とさらなる発展の契機をつかんでい
くことが課題になってくることでしょう。

　コラボレーションの醍醐味は，協働にかかわった他のメンバーに，はじめは
想像もつかなかった心理臨床家の活動が，次第に現実的な職務としてイメージ

192

第10章　子育て支援のコラボレーション（協働）

できるようになり，そして，今度は，心理臨床家の活用を積極的に考えはじめるような，変化が起こってくるところです。これは，たんなる連携では起こりえません。

　また，一人職場で働くことの多い心理職ですが，支援者として，心理職同士がその地域で横につながり，広がることも重要です。

〈文　献〉

青木紀久代　2002　親子を支える保育者の心理臨床的関わり　馬場禮子・青木紀久代（編）　保育に生かす心理臨床　ミネルヴァ書房　pp. 167-198.

青木紀久代　2010　一緒に考える家族支援　明石書店

青木紀久代　2011　コミュニティ援助の発想　日本心理臨床学会（編）　心理臨床学事典　丸善出版　pp. 480-481.

青木紀久代（編著）　2015　実践・保育相談支援　みらい

青木紀久代　2016　子ども・子育て支援新制度と臨床心理士の活動　子育て支援と心理臨床，**11**，47-52.

橋本真紀　2010　保育指導の展開過程と基本的技術　柏女霊峰・橋本真紀　増補版　保育者の保護者支援　フレーベル館　pp. 203-209.

橋本真紀・奥山千鶴子・坂本純子　2016　地域子育て支援拠点で取り組む利用者支援事業のための実践ガイド　中央法規出版

第Ⅱ部 心理臨床を保育に活かす

 コラム11 「だいじん子（大切な子ども）」をはぐくむ地域支援
——つながる，バランスをとる，助け合う

宗田美名子

　三重県志摩市では「だいじん子（大切な子ども）」という言葉が昔からあります。自分の子や孫だけでなく地域の子どもたちを温かく見守る言葉でもあります。地域の人たちが「だいじん子やでなあ（大切な子どもだからなあ）」と言って頭をなでる姿を見かけると保健師さんが話しているのを聞き，心が温まる思いがします。志摩市の母子保健計画の基本理念も「子どもの健やかな成長を見守りはぐくむ地域づくり〜地域のみんなで『志摩のだいじん子』を見守りはぐくみます〜」になっています。
　私はこの三重県志摩市の数か所で心理職として勤めています。福祉，保健，教育，企業，病院，といった様々な領域に出向いています。
　いくつかの領域で仕事をしている私が乳幼児期の支援で大事にしているキーワード，それが「つながる，バランスをとる，助け合う」です。
　いろいろな領域に行き始めたころの私は「私の専門は何だろう」と戸惑うときもありました。子育て相談にしても，学校の相談にしてもそこにずっといる保健師の方や，保育所や幼稚園，学校の先生方のほうが地域の子どものことをよく知っています。子どもの発達にしても，心の問題にしてもよく理解している方は組織の中にたくさんいます。
　そんな地域の中でまず最初にできることは面接に来た人が適切な支援が受けられるよう，地域の専門家である保健師さんや保育者の先生，学校の先生，市の相談員さんにつながっていけるように支援することでした。心理職の支援ですので，私が動いてつなぐというより，その人のもっている「つながる」力を信じて引き出し，自分で相談できるように支援していきます。そしてその人の支援者が地域の中で増えていき，必要なときに必要なところに相談に行けるようになってくると，相談者本人の安心と自信になり，それが子育てをするうえでの安定感になっていきます。また，相談者のおかげで，地域の中でいろんな領域との「つながり」ができることで，発達段階にそって途切れず支援をしたり，他の領域での支援をお願いしたりしやすくなります。
　こういったつながる支援を実践していくことで，次に「バランスをとる」ということが大事なことに気がつきました。保育所や保健センター，市の子ども相談

コラム11 「だいじん子（大切な子ども）」をはぐくむ地域支援

など，いろんなところでつながりができてくると，支援に重なる部分が出てきたり，違う部署でやってもらえているだろうと，手薄になる部分が出てきたりします。また，学校，保育所，幼稚園の先生や保健師の方，市の職員の方などができるところで支援していると，「私のやっていることは，意味があるのだろうか」と，自分の支援の重要性を見失いそうになるときがあります。幸い私が勤務する場所は，母子相談のときに，関係機関の方々が保護者の同意のもとで同席することが許されています。そこで，今その子に必要な支援を見直すとともに，全体の中でのそれぞれの役割がその子の育ちにどんな重要な意味があるのかを話し合います。「だいじん子」をはぐくむためのそれぞれの役割の意味の重要性を再確認することで，「バランス」よく地域のもっている支援の力が機能していけるようにと願って面接をしています。

こうして，互いに「つながる」こと，そして「バランス」よく支援を受けたり提供したりしていくことができているケースは，たとえ困難な状況であっても何とか乗り越えていけるなといった印象です。

そんな日々の積み重ねを通しての最後のキーワードは，当たり前のようですが，苦しいときには忘れがちな「助け合う」です。

まず，相談者と私との間での「助け合い」です。これは，「困っていることをできる範囲で話していただく，そしてそのことを正確に聴く」という助け合いです。そして支援者間では「できることは支援する，できないことは相談する」「互いのことをねぎらい合う」といった助け合いです。最初の「できることは支援する，できないことは相談する」ということは，相談者をバランスよく支援していくための「助け合う」です。後者の「互いのことをねぎらい合う」ということは，支援者同士でそれぞれの苦労や工夫を認め，ねぎらい合い，ときには感謝し合う，という支援者への支援です。私自身も志摩市の相談員の方々，保健師の方々，保育，教育関係の先生方，そして地域でその子に声をかけてくださっているお会いしていない方々に支援されながら，日々面接に向き合っています。

支援者が支援者として機能していけるように，互いに助け合いながら「だいじん子」を地域ではぐくんでいる日々の面接です。

195

第Ⅲ部

事例を通して学ぶ

第 11 章
集団生活の意義と配慮
―― 個の育ちを支える集団の役割

井上 宏子

第Ⅲ部　事例を通して学ぶ

　幼稚園や保育所に入ると，子どもたちは家庭から離れてはじめての集団生活を経験することになり，そこで出会う保育者との信頼関係に支えられながら園生活に慣れ，次第に安心感をもって周囲の環境に積極的にかかわっていくようになります。そして，周りにいる他の子どもにも関心をもちはじめ，友だちと一緒にいることの心地よさを感じ，仲間意識など，結びつきを大切にする集団の一員としての生活を楽しむようになります。ここでは，幼稚園や保育所での一人ひとりの育ちと，その子どもの属する集団との関係について考えてみましょう。

1　集団生活の意義

（1）仲間集団（個から集団へ）──インフォーマルな集団

　乳幼児期，とくに３歳未満児は心身ともにいちじるしい発達を遂げる時期で，基本的な運動機能，排泄の自立のための身体機能，指先の機能が発達し，発声の明瞭化や語彙の増加も見られます。入園当初は，同じ場所にいても子どもは思い思いに遊んでいて保育者の対応も個別ですが，子どもの生活の安定を図りながら，自分でしようとする気持ちを尊重し，温かく見守るとともに，受容的，応答的にかかわることで，次第に友だちと同じものをもって同じ場で同じ動きを楽しむようになり，ものや場を共有することで，一緒に遊ぶ楽しさを感じるようになっていきます。第１章【事例1-2】「ピョン」では，３人が同じ場所で同じ動きをしていますが，一緒に遊んでいるという自覚はなく，それぞれが自分の動きを楽しんでいます。しかし，同じ動きを楽しんでいる子が他にもいることで，互いに刺激を受け，自分がやりたい遊びをしているところで一緒になった友だちと遊ぶようになります。そして，一緒にいることが多かったり，同じ遊びをすることが多くなったりしてくると，「○○ちゃんと遊びたい」といったような，気になる友だちと一緒にいることを好む姿も見られるようになり，第２章【事例2-2】「か・し・て！」のように，近くにいる子に興味をもち「かかわりたい」気持ちが芽生えてきます。

200

3歳児になると，基本的な生活習慣もほぼ自立し，誰とでも簡単な会話が成立するようになります。友だちと一緒にいたいという気持ちが強くなり，**第3章【事例3-4】**「ビニール袋の凧揚げ」のように，自分で作った凧を揚げることを楽しむだけでなく，友だちと走ったり，友だちの凧が揚がったことを喜んだり応援したりし，友だちと一緒に遊ぶことを楽しむ姿が見られます。また，友だちと一緒にいたいと思う一方で，「これは私のもの」「自分でやりたい！」というような，自分の欲求を押し出していく自己主張が強く見られるようになりますが，同じように思っている他の子がいることで，自分の欲求を抑える自己抑制が求められるようになります。**第2章【事例2-3】**「ぼくのテントウムシ‼」は，自分のテントウムシだから他の人は見ちゃダメと自己主張して独り占めにしていますが，保育者の助言で自分の気持ちを抑え，みんなに見せようという気持ちになっていきます。他者との関係を築くためには，この二つの相反する自己の調整を行うことが必要であり，幼児期を通して友だちとかかわる中で，様々なぶつかりの経験によって「自己主張」と「自己抑制」のバランスを学んでいくと考えられます。

4歳児では，特定の気の合う友だちと一緒に遊ぶことが楽しいという姿が見られるようになり，仲間集団ができてきます。また，やりたいと思ったことを実現できる技術・技能が身についてくるので，自分なりに試行錯誤したり友だちからの励ましや見守りがあれば多少困難なことにも挑戦したりするようになります。その反面，仲間関係が広がるにつれ，大勢の友だちの中で自分の力を出していくことに難しさを感じることも経験するようになります。**第4章【事例4-5】**「焼きそば屋さんごっこ」は，友だちの動きを見て遊びに必要なものを作ったり友だちとのやりとりを楽しんだりしていますが，**第4章【事例4-4】**「すごろく」のように，一緒に遊びたいのに互いの気持ちが通じないもどかしさを感じることもあります。また，**第2章【事例2-4】**「一緒にやろう！」「まだ遊びたい！」では，今までの安定した友だち関係に新しい友だちを迎え入れるときの葛藤や，自分の気持ちに折り合いをつけて集団の活動に参加しようとする姿も見られます。集団の中で自分の欲求や主張を実現していく

第Ⅲ部　事例を通して学ぶ

過程では，ぶつかり合いや葛藤が生じ，自己主張と自己抑制をくり返し経験します。この経験は子どもが集団に自ら参加していく力を身につけていくために必要であり，一人ひとりが力を発揮できる集団を形成することにつながります。

　5歳児になると，これまでの園生活や遊びの中での様々な経験の積み重ねにより，見通しをもって行動したり諦めずに最後までやろうとしたりするようになり，物事を筋道立てて考えようとする姿も見られるようになってきます。そして，集団の中で自分の力を出し，友だちと目的を共有しながら一緒に行動することを楽しむようになってきます。また，仲間関係の中で，友だちの考えていることや気持ちを理解すること，自分の気持ちや考えを友だちと折り合いがつくようにコントロールする自制心などを経験の中から獲得し，遊び集団の中で役割をもったり協力したりするようになります。第3章【事例3-5】「遠足の体験を基にしたごっこ遊び」は，遠足という共通の体験を基に遊びの内容が刻々と変わっていきながらも，それをまた共有していくという過程を経て遊び場や遊び方を友だちと共有していく姿が見られます。また，第2章【事例2-5】「おふろ屋さんごっこ」では，お客を迎えるという共通の目的に向かって，友だちの考えを知ったり友だちに自分の考えを伝えたりし，どうしたらいいかを友だちと一緒に考えて目的を達成するために協同する姿が見られます。

　幼稚園や保育所では，一人ひとりの育ちが，友だちとの出会いによって促されると同時に，一緒に生活する中で仲良しの友だちができ，その中で一人ひとりが力を発揮することで集団が育つのです。

（2）クラス集団（自然発生的でない集合体）——フォーマルな集団

　仲の良い友達との関係を築き，深めていくことによって，子どもたちの集団はより意味のあるものになりますが，仲の良い友だちとの集団だけが園での生活における集団ではありません。園では仲が良いかどうかとは別に，クラスという集団生活を余儀なくされます。この集団は，仲良しグループのようなインフォーマルな集団とは違い，意図的に形成された集団で，子どもたちにとっては生まれてはじめて出会うフォーマルな集団ということになるでしょう。子ど

第11章　集団生活の意義と配慮——個の育ちを支える集団の役割

もたちはその中で，新たな友だちとの出会いやかかわりを経験し，友だちを受け入れたり，自分が受け入れられたりすることを通して，集団に属する一員としての意識をもつようになります。幼稚園や保育所の中では，仲間集団というインフォーマルな集団において，一人ひとりが自分の好きな遊びや居場所を見つけ，園生活の中で安定して過ごせるようになることが基盤となって，クラスというフォーマルな集団の中でも安定して過ごせることにつながるのです。

　「3歳未満児については，一人一人の子どもの生育歴，心身の発達，活動の実態等に即して，個別的な計画を作成すること」と保育所保育指針にもあることから，個への指導を重点的に行いながら，次第にクラスの友だちと一緒に過ごすことの楽しさを感じ集団を意識できるようにしていくことが求められます。

　3歳以上児になると，運動機能の発達により基本的な動作が一通りできるようになり，基本的な生活習慣もほぼ自立します。また，理解する語彙数が急激に増加し，いろいろな"もの"や"こと"，周囲の"ひと"に対する興味や関心が高まり，仲間との遊びを通して仲間の中の一人という自覚をもつようになります。さらに4歳児の後半には，集団的な遊びや協同的な活動を楽しむ姿が見られるようになり，クラスや学年，園全体で計画された活動の中でも，目的を理解して友だちと一緒に活動することを楽しみ，達成した喜びを感じるようになります。第1章【事例1-4】「今日は避難訓練」，第5章【事例5-6】「出てくる　出てくる！」，第4章【事例4-6】「影絵」からは，園全体の活動の中で一人ひとりが安定して行動する姿，友だちとの遊びがクラスの活動になる過程，計画されたクラスの課題にグループの友だちと取り組む姿などがうかがえます。保育者には，個への働きかけと同時に，クラスやグループなどの集団生活への意図的な働きかけをし，子どもたちがクラスとしてのまとまりを意識しながら生活できるようにしていくことが求められます。

（3）個の育ちと集団の育ち

　子どもが主体的に環境にかかわり遊びや生活を進めていく中で，これまで積

203

第Ⅲ部 事例を通して学ぶ

み重ねてきた様々な経験や友だち関係をもとに，遊びや生活の中でテーマを見つけ，一つの目的に向かって力を合わせて取り組み，実現しようとする協同性の高い集団が形成されます。そして集団で生活する中で，互いに刺激を受け，影響し合いながら個の発達が促され，その一人ひとりの力が集団の中で発揮され，役割が生まれ，子ども同士がかかわりあうことによって遊びはさらに楽しくなり，集団全体が育っていくと考えられます。

また，異年齢集団では，同一年齢の集団では得られない諸側面の育ちが期待されています。内閣府・文部科学省・厚生労働省の資料（2017）では，異年齢の編成による保育を「自分より年下の子どもへのいたわりや思いやりの気持ちを感じたり，年上の子どもに対して活動のモデルとしてあこがれを持ったりするなど，子どもたちが互いに育ち合うことが大切である。」としており，異年齢の子ども同士のかかわりでは，同一年齢の子ども同士の場合とは違った姿を見せることもあるため，異年齢の子どもたちがかかわりあうことで，日々の保育における遊びや活動の展開の仕方がより多様なものになると考えられます。

2 保育者の配慮

（1）保育者の役割

共感的なかかわりと子どもの自立

　個の育ちが集団を育て，集団の育ちは個の育ちにつながっています。個と集団のかかわりを豊かに育てる保育者の指導について，図11-1（岡村・金田，2002, p.198）が参考になります。縦軸が「目指す子ども像の方向」を，横軸が「保育者の姿勢」を示していて，子どもの育ちと保育者のかかわりの視点を明らかにしています。

　この視点に立って個と集団のかかわりを育てる指導を考えると，個の育ちや協同性の高い集団の形成は，保育者が共感的にかかわることによって自立の方向を目指すときに可能になることがわかります。

204

第11章　集団生活の意義と配慮——個の育ちを支える集団の役割

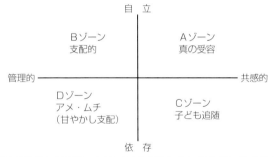

図 11-1　保育・教育の指導の傾向

（注）　縦軸は「目指す子ども像の方向」を，横軸は「保育者の姿勢」を示す。
（出所）　岡村・金田（2002）p. 198.

保育者が受容的，応答的にかかわる 3 歳未満児の保育

　3 歳未満児は「特に心身の発育・発達が顕著な時期であると同時に，その個人差も大きいため，一人一人の子どもの状態に即した保育が展開できるよう個別の指導計画を作成することが必要」（内閣府・文部科学省・厚生労働省，2017）であり，保育者には，一人ひとりの子どもに応じた対応を中心にしながら，「大好きな先生がいるから」という気持ちで安心して集団の中で過ごせるようにしていくことが求められます。とくに 1 歳までの乳児は発達が未分化な状況ですが，視覚，聴覚などの感覚や，座る，はう，歩くなどの運動機能がいちじるしく発達する時期でもあり，特定の大人との応答的なかかわりを通じて，情緒的な絆が形成される時期でもあります。保育者は，一人ひとりの子どもに受容的，応答的にかかわり，愛着関係を形成することが必要です。1 歳以上 3 歳未満児は，基本的な運動機能，排泄の自立のための身体機能，指先の機能の発達や，発声の明瞭化や語彙の増加など，短期間のうちにいちじるしい発達が見

205

第Ⅲ部　事例を通して学ぶ

られますが，発達の個人差も大きいので，一人ひとりの子どもに応じた発達の援助が適時，適切に行われることが求められます。保育者が，食事，衣類の着脱など身の周りのことを自分で行うことや，自分の意思や欲求を言葉で表出することなどを支え，子どもの生活の安定を図りながら，自分でしようとする気持ちを尊重し，温かく見守るとともに，受容的，応答的にかかわっている事例が第2章【事例2-1】「それ欲しいよー」，【事例2-2】「か・し・て！」です。第1章【事例1-2】「ピョン」では，保育者が受容的にかかわるとともにモデルを示しています。第4章【事例4-3】「みんなのおもちゃ」では，保育者が子どもの自己主張を受け止めながらも周りの友だちの存在を知らせ，望ましい対応を促しています。

個と集団を意識した3歳児以上の保育

　3歳以上児の指導計画は「クラスやグループなどの集団生活での計画が中心となるが，言うまでもなく，集団を構成しているのはその個性や育ちがそれぞれに異なる子どもである。個を大切にする保育を基盤として，一人一人の子どもは集団において安心して自己を発揮する。そして，他の友達と様々な関わりを持ち，一緒に活動する楽しさを味わい，協同して遊びを展開していく経験を通して，仲間意識を高めていく。3歳以上児の保育にあたっては，一人一人の子どもや集団の実態に即して，こうした過程を考慮することが求められる」（内閣府・文部科学省・厚生労働省，2017）ことから，保育者には，子どもの実態を踏まえ，個と集団を意識した指導を行うことが求められます。

　3歳児クラスの子どもたちは，最初は「集団」という意識はなくても，「おもしろそうだから」「先生が何か楽しいことをしてくれるから」などという気持ちと，「一緒にいたい友だちがいるから」「みんなでやると楽しいから」などという気持ちをもっています。そのため，保育者は，「みんなで一緒に楽しい活動をする」という状況を経験する中で，保育者やクラス集団への安心感を培い，集団で活動する楽しさを知っていくように，環境を整えたり働きかけたりすることが必要です。また，友だち関係がまだ流動的なころには，保育者が子ども同士の関係を把握したうえで，新たな遊びの展開につながるように援助す

第11章　集団生活の意義と配慮——個の育ちを支える集団の役割

ることで，子どもは，友だちと楽しく遊びを進めていくためにはどのようにしたらよいのかを学んでいきます。また，集団がある程度落ち着けば，保育者は個にかかわることができ，個が安定していけば，全体の状況が把握しやすくなります。仲間集団ができ始めたころを見計らって，保育者は，子どもが自ら集団との関係を広げていけるように，また遊びの魅力にひかれて集団が形成されるように，環境を整えたり働きかけたりします。そして，保育者が，子どもが繰り返し探究する姿を支え，仲間やグループで相談し合う機会を作ることによって，子ども同士が様々な関係を築くようになり，協同性の高い集団が形成されるのです。こういった保育者のかかわりが見られる事例として，第2章【事例2-3】「ぼくのテントウムシ‼」では，保育者が子どもの自己主張を受け止めながらも周りの友だちの思いに気づくように働きかけています。

　第3章【事例3-3】「畑の草取り」，第5章【事例5-6】「出てくる　出てくる！」では，保育者が，自然発生的な子どもの発想や動きをクラス全体で共有できるように考えていたり，第2章【事例2-4】「一緒にやろう！」「まだ遊びたい！」，第4章【事例4-4】「すごろく」では，子どもの気持ちを受け止めながらも，折り合いをつけて友だちを受け入れられるように働きかけたりしています。第2章【事例2-5】「おふろ屋さんごっこ」は，保育者の働きかけで，自分たちで考えて取り組み，友だちと協同することで目的を達成できています。第4章【事例4-6】「影絵」は，園全体の活動にクラスの友だちと共通の目的をもって取り組むときの，保育者のかかわりです。また，集団を形成している一人ひとりに対しても丁寧に対応することを忘れてはならないでしょう。第5章【事例5-3】「おっきくなっちゃったねー！」，第5章【事例5-5】「ギターが作りたい！」は，保育者が子どもの「実現したい」という気持ちを受け止め，個の遊びが充実するように援助しています。

　保育者の役割とは，つねに子どもの発達や遊びの様子，集団の育ちなどを把握しながら，個と集団に対して，その場にあったかかわりをタイミングよくすることなのではないでしょうか。

第Ⅱ部　事例を通して学ぶ

（2）保育を支える職員集団

　幼稚園も保育所も，特別な配慮を必要とする子どもが入園してくると，子どもの発達に必要と判断した場合は特別支援教育支援員が配置されます。個々に支援員がつく場合や一人の支援員が複数の子どもを支援する場合など様々な場合があり，支援員の配置に明確な基準はありませんが，集団の中で「配慮を必要とする子ども」の発達を保障するために担任と連携をとりながら保育にあたっています。第5章【事例5-7】「見て　見て　きれいだよ！」は，支援員が配置されていて，特別な配慮を必要とする子どもをチームで見守ることが可能になっています。また，幼稚園の場合は一人担任制をとっている園が多いのですが，保育所の場合は，厚生労働省「児童福祉施設最低基準」に記載があるように，0歳児おおむね三人につき一人以上，1・2歳児おおむね六人につき一人以上，3歳児おおむね二十人につき一人以上，4歳児以上児おおむね三十人につき一人以上と，年齢と人数によって配置される保育士数が異なっていて，年齢の低い（人数が多ければ3歳以上も）クラスは1クラスに複数の担任がいて連携をとりながら保育にあたっています。

　園全体，学年間，クラス間でも職員間の連携を図ることは必要ですが，同じクラスで職員間の連携が図られていないと，個の育ちも集団の育ちも期待できないため，1クラスに複数の保育者がいる場合，職員間の連携をどのように図っていくかは，保育現場における重要な課題の一つになっています。子どもの遊びや生活を，より多くの保育者で見守り，充実したクラス運営を行っていくためには，可能な限り保育者間で日々の話し合いを行い，子どもや保育の流れについて共通理解をしたり，価値観，保育観，保育に対する思い，願いなどについて相談したり意見を出し合ったりできるような柔軟性をもった職員関係を築くことが望まれます。

（3）保育カウンセラーと保育者

　筆者が勤務していた自治体では，子どもを健やかに育てるための保育活動への支援と保護者への子育て支援の体制確立に向けた試みとして保育カウンセ

ラーを導入しています。保育者の仕事は一人ひとりの子どもを丸ごと受けとめ，その子にふさわしい育ちを考えて，その時々に必要な教育や適切な援助を行うことです。保育者はその専門性から，つねに「個」と「集団」を意識し，子どもの生活全体を視野に入れながら総合的な観点をもって保育を展開しています。一方，筆者の勤務する園で保育カウンセラーに従事していた滝口俊子は，日ごろより保育カウンセラーの専門性を「子どもの存在をまるのままに受け入れて，一人ひとりの子どもの可能性を発見すること」と語っていました。保育カウンセラーは，保育者の専門性だけでは対応が難しいときに，多様な視点から，個としての子どもの育ちを捉えることを可能にする専門家です。

　一人の子どもの育ちについて，保育カウンセラーと保育者がそれぞれの専門的立場からの考えやアプローチを共有するには，どのような方法があるのか，また，どうしたら真に子どものためといえる援助を行っていけるかを考えながら，ともに子どもの育ちを支える仲間として協働することが求められているのではないでしょうか。

〈文　献〉

内閣府・文部科学省・厚生労働省　2017　幼保連携型認定こども園教育・保育要領　幼稚園教育要領　保育所保育指針　中央説明会資料（保育所関係資料）

岡村由紀子・金田利子　2002　4歳児の自我形成と保育　ひとなる書房

コラム12　里親の元で育つ子どもの暮らし

奥田晃久

里親制度について

　「里親制度」という言葉を耳にしたことがあるでしょうか。里親制度とは，家系の一員として戸籍に入る民法上の養子縁組制度とは異なり，児童福祉法で定められた保護者のいない児童や，保護者に監護させることが適切でない児童が児童相談所長（都道府県知事等）の決定により一定の要件を満たした里親により養育される制度です。児童福祉法が根拠法令ですので，原則として18歳までの家族関係となります。

まだまだ乏しい国民の制度理解

　子どもにあたたかい家庭を提供することは，現在，厚生労働省でも「家庭養護の推進」として位置づけられているところです。ところが，この里親制度については，国民の正しい理解がまだまだ乏しく，普及啓発も十分でないのが現状です。このため，里親のもとに預けられた子ども（里子）は，思いもしない場面でいじめにあったり，心が傷つく経験をすることも少なくありません。この本をお読みの方々は，ぜひ，里親に預けられた乳幼児が地域の方々に見守られ健やかに育っていくことを応援していただきたいと思います。（以下，里親のもとで暮らす乳幼児等の里子を含めて「子ども」と表記します。）

里親に預けられた子どもには二つの名字がある

　児童相談所を通して子どもが里親に預けられる経路はいくつかありますが，たとえば乳児院に入所している中で，親の虐待状況の改善がすぐには見込まれず施設生活が長引くことが予想される場合があります。こうしたときは，より家庭的な雰囲気を子どもに経験してもらうために里親家庭への委託も検討されます。こうして里親家庭にやってきた子どもには，子どもが元来持っている名字（実名）があります。この乳幼児の時期に里親が子どもを迎え入れた場合，「しばらくは実子のように育てよう」と，里親側の名字（これを「通称名」といいます）を名乗らせることが少なくありません。子どもをわが子のように愛情込めて育てようとするあたたかい気持ちからなのですが，やがて子どもが成長し，小学校に入学すると，まず「学籍簿」への掲載名が課題となります。学籍簿は戸籍名で書く必要があるため，里親と暮らす中で使用している通称名を学校生活で使用する場合は，里親が教育委員会や小学校等に行って説明をする必要があるのです。最近で

コラム12　里親の元で育つ子どもの暮らし

は理解していただける学校も増えてきましたが、「担任が変わるたびに引き継がれておらず、一から私たちの関係を説明しなおしてきた」と、学校教職員の無理解に困惑したと苦労話をされる里親もいます。

真実告知について

　また里親は、乳幼児期からの子どもの成長とともに早晩、「実親（産みの親）は別にいる」ということを子どもに告げなくてはなりません。これを「真実告知」といいます。真実告知は、子どもにとってだけでなく、里親にとっても心理的な負担が大きい行為です。真実告知は早ければ早いほうがよい、とされていますが、子どもの理解力・成長の度合いに応じて何回も繰り返して伝えていく必要があります。しかし、なかなかこの話を切り出せず、小学校高学年になっても子どもに伝えられない里親も少なからずいます。

周囲の心無い一言が里親子を傷つけるということ

　そんな里親の苦しい心のうちを知らずしてか、こんな話もありました。PTAの会合が終わったあとの小学校校庭での三々五々のお母さん方の立ち話でした。数人の母親が「ねえねえ、A母宅のSくんだけど、本当の子どもじゃないんだって？」「うそでしょ？　不倫？」「ちょっと確かめてみようか？」と話をしながら、校庭で遊んでいる子ども（里子Sくん）を手招きして呼び、「ねえねえ、あなたのお母さんって本当はおばさんなの？」と、尋ねました。たまたまA母はそのPTAの会合には参加していなかったのですが、帰宅した子どもから「こんなことを聞かれた」と語られて、とてもショックを受けてしまいました。こうした他人から見ればなんでもないような言葉が里親を傷つけ、里子の心に深い傷を残すことを保育に携わる皆さんもぜひ、知っておいてほしいと思います。やがて成長とともに子どもは本当の親はどこにいて何をしているのか、どうして自分は実親のもとで育てないのか等、様々な心の葛藤を経験しながら成長していくこととなります。

満年齢による旅立ち・自立に向けて――すべては乳幼児期から続いている

　里親のもとで生活する子どもは成長し、児童福祉法で定められた18歳の満年齢を迎えます。現在は児童福祉法改正により、「措置延長」といい20歳に達する年齢まで里親宅での生活が継続できるようになりましたが、一人立ちするにはまだまだ不安の残る年齢です。

　里親のもとで成長した子どもが立派に自立した大人となっていけるかどうかは、里親がこれまで育んできた愛情とともに、乳幼児のころから保育所などをはじめとした地域の関係機関により大切にされてきた経験によります。どうかみなさんも里親の元で暮らす子どもの人権と成長について理解を深めていただきたいと思います。

211

第12章

家庭生活の意義と配慮
──大人との関係をめぐって

滝口 俊子

第Ⅲ部　事例を通して学ぶ

　子どもたちの心身の発達に，家庭生活・家族関係の影響が大きいという事実は，以前から注目されています。たとえ家族と離れて生活している子どもであっても，血縁関係による遺伝的な影響を受け，誕生後は家族のイメージを抱きつつ成長しているのです。

　本章では，いかに子どもたちが家族の影響を受けているか，事例を通して解説します。筆者が永年にわたる心理臨床で出会った家族に登場してもらいますが，心理臨床家（カウンセラー）には守秘義務がありますので，現実のままではありません。家族関係の理解を深めるための紹介なので，「あの家族のこと？」などと詮索しないで読んでいただきたいと願います。

　事例を通して家族関係の理解を深め，さらに子どもたちの詩によって家庭生活の意味を学び合いたいと思います。

1　親子関係の問題例

　日本社会では，少子化の傾向によって，きょうだい関係の体験なくして大人になる人が増加しています。経済的な困難などの理由によって，子どもを産み育てる気持ちになれない場合もあります。また，子どもを迎える準備がないまま，世間体などの理由によって出産する場合もあります。「子どもは好きだけれど子育ては経済的に無理」「今はパートナーとの生活を楽しみたい」「子どもは煩わしい」等など，理由は様々ですが，子どもを迎えたくない夫婦が増えています。

　一方で，「子どもは三人以上」が一般的な地域もありますし，諸外国の子育ての影響が強い地域もあって，我が国の親子関係のありようは多様になっています。

（1）社会の影響を受ける家族・家庭

　Ａ子さんは「食欲がない」「眠れない」などの理由で，内科を受診しました。問診によってＡ子さんは妊娠初期で，妊娠に葛藤のあることを察した内科医は，

同じ病院所属のカウンセラーの心理面接を受けるように，と勧めました。

　A子さんとの面接によってカウンセラーは，「A子さんは妊娠を喜んでいない」という事実に気づきました。A子さんは「仕事が面白くなってきたところで妊娠が判明し，とてもがっかりして，夫を憎くさえ思う」と打ち明けました。カウンセリングを重ねるうちにA子さんは，出産によって自分だけが犠牲になると感じて，夫を恨んでいた気持ちが次第に薄れて，しばらく職場から離れる淋しさも受け入れられるようになりました。そして「運命的に出会った子どもとの生活を楽しもう」という気持ちが確かになったころには，食欲不振や不眠の問題は解消していました。

　かつての日本の家族関係において，母親になることは家庭における地位が確立することでもあり，妊娠は歓迎されました。新妻が妊娠を受け入れられない場合には，親やきょうだい，親しい人とのおしゃべりが，カウンセリングの役目を果たしていたとも言えます。

　学校生活においても，家庭でも社会でも，男性と同じ期待に応える現代日本の女性には，妊娠・出産・育児という役割を受け入れ難く感じる人がいます。はじめて親になる不安や葛藤を，A子さんのように身体の症状として現す人は少なくありません。したがって，妊娠適齢期の女性の心身の不調には，すぐに薬で対処するのではなく，社会的な状況や人間関係なども含めた全人的な理解を要するのです。

　また，我が国には，「どんな状況でも親は子どもの命を守る」という母性神話がありました。しかし昨今では，子どもを邪魔に感じて邪険にしたり，死に至らしめるような虐待をしてしまう親も増しています。

　家族関係も家庭生活も，社会の影響を受けているのです。

（2）子どもを見捨てる親

　B子さんは，不安定な家庭環境に育ちました。

　父親の突然の家出により，母親は生活のために男性と交際を始め，やがて母親も家を出て行ってしまいました。

第Ⅲ部　事例を通して学ぶ

　子どもたちだけで残されたＢ子さんと弟は，児童養護施設で育ちました。や
がて成人して一人暮らしを始めたＢ子さんは，たまたま出会った男性と同棲す
るようになりました。Ｂ子さんは見捨てられまいと男性にしつこくまとわりつ
き，煩わしくなった男性は逃げ出してしまいました。別の男性との同棲では，
セックスの対象としてだけ利用されたこともありました。

　数人の男性との関係の後，Ｂ子さんは妊娠しました。すぐに赤ん坊が産まれ，
親子三人の生活が始まりました。しかし，夫は，赤ん坊の泣き声をうるさがり
邪険に扱いました。産後の疲れもあったＢ子さんは「赤ちゃんを守らねば」と
思いつつも，次第に「赤ん坊さえいなければ夫と仲良くできるのに」と思う気
持ちが強くなりました。初めのころは，夫が赤ん坊に乱暴を働く場から逃げ出
していたＢ子さんでしたが，やがて夫と一緒に我が子に暴力を奮うようになり
ました。ある日，赤ん坊が泣き声をあげなくなって不安になったＢ子さんは，
救急車を呼びました。救急隊が到着したときには，すでに心肺停止の状態でし
た。赤ん坊の葬儀の準備の最中に，父親である男は姿を消してしまいました。

　そのころ，施設を出たＢ子さんの弟は，職場に馴染めずに就職先を転々とし
ていました。眠れないために服用していた睡眠薬を多量にのんで自殺を図った
弟を，たまたま訪れたＢ子さんが発見しました。我が子を見殺しにした罪悪感
と，唯一の弟を想う気持ちから，Ｂ子さんは同居して弟の世話をしました。

　その後，けなげなＢ子さんとの結婚を望む男性が現れて，Ｂ子さんも結婚生
活を決意しました。

　Ｂ子さんは，新しい家庭のために心身ともに健康であることを願って，心の
相談室を訪れました。やがてカウンセリングの体験によって，辛かった日々を
ふっ切り，新たな自分として生き始めたのでした。

（3）親によって心的外傷を負った娘

　Ｃ子さんは，勉学はもちろんスポーツにも優れ，社会的な能力も高く「職場
の花」と言われていました。やがて上司の紹介によって，お見合いをしました。
誰もが称賛する家柄の，申し分のない男性でした。結婚を躊躇するＣ子さんの

216

第12章　家庭生活の意義と配慮──大人との関係をめぐって

気持ちは周りに理解されないまま，親たちによって結婚の準備は着々と進められました。

結婚式と披露宴が終わった初夜に，Ｃ子さんは高熱を出しました。夫と周囲の人たちは「緊張が続いたため」とかばってくれましたが，熱の下がらない日は続きました。Ｃ子さんは心配する夫を避けようとしたり，夫を拒否するような寝言を言うこともありました。

そんなＣ子さんの様子に，夫の家族は不審を抱いて，私立探偵に調査を依頼しました。やがて，次のような事実が判明しました。

Ｃ子さんの父親は著名な学者でしたが，若い女の子に異常な関心があって，問題になったことがあって，娘のＣ子さんにも手を出すことがあり，父親の異常な性愛を心配した母親は，Ｃ子さんを父親から離すために結婚させようとしていた，とのことでした。

Ｃ子さんの心の傷は，母親が意図したように結婚によって解決する程度ではありませんでした。訴えることのできなかった心痛をＣ子さんは抱え続けて，夫を拒絶する身体反応となったのです。

結婚は，破談になりました。そして，Ｃ子さんは心の傷（心的外傷）を癒すために，心理療法を必要としました。

（4）子どもを受容できない親

子どもを愛するということは，いつでも，誰でもが，自然にできることではないため，種々の不幸が起こります。

我が子を愛する気持ちになれない親は，自分自身を責め，葛藤が鬱積して，複雑な親子関係となりがちです。

Ｄ子さんは，勧められたお見合いで結婚し，すぐに妊娠して，出産の日を迎えました。早産でしたが心配することはなく，赤ん坊を連れて里帰りしました。実家では父母も，祖父母も，歓迎して世話をしてくれて，夫も足しげく通ってくれました。恵まれた産後の生活でしたが，Ｄ子さんの気持ちは晴れませんでした。

217

第Ⅲ部　事例を通して学ぶ

　D子さんと夫と赤ん坊との三人の生活が始まっても，D子さんは鬱々とした気分が続いていました。産後の1か月健診で，ドクターやナースに訴えましたが，耳を傾けてくれる人はありませんでした。D子さんは，周囲に察してもらえない「独りぼっち」の気持ちが強まって，赤ん坊が憎くさえ思えてきました。

　気持を理解してくれない夫にD子さんはしつこく迫って，そうこうしているうちに，妊娠が判明しました。

　上の子を実家に預けての出産のための入院生活に，D子さんは久々に解放感を覚えました。産まれてきた子は，上の子と同じ女の子でしたが，D子さんにはとても可愛く思えて，「味方」を得たように感じました。

　二人の子どもと夫との生活は，夫と長女，次女とD子さん，という図式で続きました。そのような家族関係に疑問を覚えたのは，上の子が幼稚園に入園したときのことでした。親の迎えに大喜びで飛びついてゆく他の子どもたちにくらべ，D子さんの長女の姿は，あまりに違っていたのです。母親の姿が目に入っても嬉しそうでなく，保育者に促されて，やっと母親に近づいて来ました。保育者の「友だちと一緒に遊ばない」という言葉にも，D子さんは傷つきました。

　園長先生の勧めもあって，D子さんは保育カウンセラーのカウンセリングを予約しました。自分の複雑な心境を話す勇気が湧かず，一度は約束をキャンセルしましたが，「来られるときに，いつでもどうぞ」というカウンセラーの受容的な態度によって，D子さんは打ち明ける決心をしました。

　カウンセリングによって，次の事実がはっきりしてきました。D子さんは，赤ん坊を迎える気持ちの準備がないときに妊娠に気づき「産まれてほしくない」と強く思い，出産の後も「息を止めてくれたなら」と願ったこと。長女が，よく泣くのも，体重が思うように増えないのも，母親の自分が責められているように感じて，「妊娠から，やり直したい」と強く願ったこと。望んで産んだ次女は，誕生直後から可愛く感じたこと。幼稚園生活が始まって，長女が他の子どもたちと違うことに気づきながらも誰にも話せずにいたこと，等などを，涙ながらにカウンセラーに打ち明けたのでした。

第12章　家庭生活の意義と配慮——大人との関係をめぐって

「心に押し込めて一人で抱えていたことを話せたときが子どもとの関係のスタートです」というカウンセラーの言葉に，D子さんは支えられました。そして徐々に，「長女も次女も大切な我が子」という心境に至ったのでした。

（5）「良い子」であらねばと頑張る子

　E男くんは，年少組からの入園でしたが，1年間，誰とも話すことがありませんでした。幼稚園が嫌いなわけではなく，絵を描いたり，乗り物の玩具で遊ぶなど，一人で静かに過ごしていました。周囲の子どもとトラブルを起こすこともなかったので，保育者は「いずれ話し始めるだろう」と楽観していましたし，教育熱心な両親も心配している様子はありませんでした。

　そんなE男くんに異変が起こったのは，E男くんのクレヨンが見つからなかった日のことです。E男くんは一人で探しまわりましたが見つからず，突然，大声で泣き出しました。普段はおとなしいE男くんの激しい泣き声に，子どもたちも保育者も驚きました。理由を尋ねても，説明できません。保育者は，優しく抱きかかえて別の部屋へ連れて行き，E男くんが落ち着くのを待ちました。

　やがてE男くんは保育者に，自分のクレヨンが見つからないと言いました。たどたどしく訴えるE男くんを，保育者は「よく話せた」と褒めて，一緒にクレヨン探しに出発しました。他の子どもが自分のクレヨンと思い込んで使っているのを見つけたとき，保育者は「大発見！」とE男くんを抱いて喜び，間違えて使っていた子を責めることはしませんでした。保育者と一緒の探検のようなクレヨン探しは，E男くんにとって楽しい時間であり，保育者にとってもE男くんと触れ合うことのできた貴重な体験となりました。

　集団生活において「良い子すぎる子」は，大人の期待に応えようと無理している傾向があります。おとなしすぎる子どもが本音を表現したときは，その子にとって成長のチャンスなのです。

　大人の用意した型に子どもをはめ込むのではなく，子どもが自分を表現できるようになることが，「幼児教育」であり，「しつけ」です。しつけ糸は，やがて外すことが目的で，子どもを型にはめ込むことではありません。

219

第Ⅲ部　事例を通して学ぶ

2　大人との関係がもつ意味

（1）子どもを受容する人

　子孫を愛する力は，生得的に備わっていると思い込みたい傾向が私たちには
あります。子育てを観察学習する機会のないまま動物園で育った動物が，自力
で出産し，自発的に授乳するように。

　しかし，トイレで出産してそのまま流してしまう人や，産まれてすぐの子ど
もを裸のままコインロッカーに入れる等の，子殺しのニュースは珍しくありま
せん。子どもが自発的に動くことを認められないという親もいます。自己主張
をし始めた子どもと本気で喧嘩する，大人とは言えない親もいるのです。

　うまく子育てができないのは，その親だけの責任ではありません。子どもを
愛するためには，その人自身が受け入れられて育った体験が必要です。

　イギリスの小児科医ウィニコット（1989）が，ホールディングという言葉で
表現した「心理的に抱きかかえること」を，乳幼児期の子どもにかかわる多く
の研究者は注目しています。

　大人に受容される安定感によって，子どもは支えられます。植物の成長には
「土壌」が不可欠なように，生物体としての赤ん坊はホールディングを必要と
するのです。

（2）子どもの言葉

　たまたま本屋さんの店先で，『空が青いから白をえらんだのです』（寮，
2011）という本が目に飛び込んできました。奈良少年刑務所に生活する子ども
たちの率直な気持ちを，彼らの詩によって知ることができました。

　母子関係について想い巡らせるために，紹介したいと思います。

クリスマス・プレゼント

五十二人の仲間のクリスマス
ごちそうを食べて　ケーキも食べて
ゲームをやって　思いっきり笑って
プレゼントだって　もらえるんだ
寝ているあいだに　だれかが
こっそり枕元に置いていってくれるんだよ
それが　サンタさんなのか　学園の先生なのか
ぼくは　よく知らないけれどね

でも　ほんとうにほしいものは
ごめんね　これじゃない　ちがうんだ

サンタさん　お願い
ふとっちょで怒りん坊の
へんちくりんなママでいいから
ぼくにちょうだい
世界のどっかに　きっとそんなママが
余っているでしょう
そのママを　ぼくにちょうだい
そしたら　ぼく　うんと大事にするよ

ママがいたら　きっと
笑ったあとに　さみしくならないですむと思うんだ

ぼくのほんとうのママも
きっと　どこかで　さびしがってるんだろうな
「しゃかい」ってやつに　いじめられて　たいへんで
ぼくに会いにくることも　できないでいるんだろうな

サンタさん
ぼくは　余った子どもなんだ

第Ⅲ部　事例を通して学ぶ

> どこかに　さみしいママがいたら
> ぼくがプレゼントになるから　連れていってよ
>
> これからはケンカもしない　ウソもつかない
> いい子にするからさぁ！

　心に押し込めている少年の想いが，子どもを受容する大人の存在によって，表現されています。

　受刑中の少年の詩を，もう一編，紹介したいと思います。

> 拝啓オカンへ
>
> 拝啓オカン
> まともに向きあって　腹割って話したこと
> 正直　あんま　なかったな
> きょうは　マジで　話したいんや
> ハズいけど　きいてくれ
>
> 拝啓オカンへ　ホンマごめんな　ありがとう
> いままで何度　迷惑かけたか　わからんのに
> あなたは　やさしく包んでくれた
>
> おれがまだ　ガキだったころ
> あなたを置いて　親父は出てったよね
> 泣きくずれる　あなたの姿
> ほんま　メッチャ心配したんやで
>
> あん時から　おれの家は裕福じゃなくて
> ツレのおもちゃをせびっては　泣いたよな
> そんなおれを見て
> 「ごめん」と悲しそうな顔をしてた　あなた
>
> おれは「強さ」の意味をはきちがえ

222

第12章　家庭生活の意義と配慮——大人との関係をめぐって

> 夜中まで街をうろついたよね
>
> あなたは黙って　おれの帰りを待っててくれた
>
> 拝啓オカンへ　ホンマごめんな　ありがとう
> いままで何度　迷惑かけたか　わからんのに
> あなたは　やさしく包んでくれた
>
> 拝啓オカンへ　ホンマごめんな　ありがとう
> おれ　あなたの子どもでよかった

　しつけや教育のつもりで子どもの心や身体を押し込める大人や，子どもを放置している大人たちによる，子どもたちへの深刻な弊害に，私たち心理臨床家は日々出会っています。

　子どもの身近にいる大人が子どもの理解者であることによって，子どもたちの心身は健やかに育つのです。

　私たち大人は，子どものたましいを尊重し，子どもの言葉を傾聴し，子どもたちと力を合わせて明るい未来を創ってゆきたい，と願っています。

〈文　献〉

河合隼雄　1987　子どもの宇宙　岩波新書

小此木啓吾　1986　家庭のない家族の時代　集英社文庫

寮美千子（編）　2011　空が青いから白をえらんだのです——奈良少年刑務所詩集　新潮文庫

滝口俊子　1996　子どもと生きる心理学　法藏館

滝口俊子（編著）　2015　子育て支援のための保育カウンセリング　ミネルヴァ書房

ウィニコット，D. W.　北山修（監訳）　1989　抱えることと解釈　岩崎学術出版社

第Ⅲ部　事例を通して学ぶ

 コラム13　日本の母子像

北山　修

　平均的な幼児期体験を知ることは，臨床における理解の基本でしょう。私たちの心の発達がどこで滞りやすくて，いつごろが危うい状態なのか，あらかじめ学んでおくことは重要です。まず，精神分析の創始者ジークムント・フロイトが，幼児期心性を理解して以来，成人患者たちの語る過去や幼児期体験を積み重ねて，臨床のための発達理論がつくられました。さらには，児童治療における知見が増加し，直接観察やビデオなどの記録装置による研究が飛躍的に発展して発達理論はますます精緻になってきています。

　しかし，西洋人について観察される乳幼児の姿は，日本人における育児や子どもの体験とは少し違うかもしれません。基本は同じでも，日本人がどこか違っていてもいいでしょう。しかし，育児や生活スタイルが西洋化され，今や日本人らしさを際立った形で取り出すことはなかなか難しくなっています。

　そこで興味を持ったのが芸術家による観察です。数十年前に，世界中に散らばった約2万枚近くの浮世絵の代表作を調べてきましたが，その中から約450組の母子像を取り出して分類しました。そして，私はこれらを整理していくうちに，その母子関係には一つの型が繰り返されていることに気づいたのです。つまり，同じ対象をともに眺める母子が頻繁に登場するのです（図C13-1）。

　二人が肩を並べて一つの対象をともに眺めることで，母子は対象を共有し，これについて言葉を交わすようになってゆきます。これに加えて大事なのは，母の腕がこの状況を，そして子どもをしっかりと抱えていることです。言語的交流と

図C13-1　楊州周延「幼稚苑」（CGで処理）

224

コラム 13　日本の母子像

同時に，二人の間では身体的交流，非言語的交流，情緒的交流もさかんに行われ，情緒的な「つながり」が形成されていることがはっきりうかがえます。信頼感，温かさ，そして悲しみ，恨みまで，ポジティブな情緒，そしてネガティブな情緒の交流もありえます。

外の対象をともに眺めてこれについて語り合いながらも，「抱え，抱えられて」母子は内的にも通じ合っているようです。図 C 13-2 には，母親と子どもが傘に開いた穴を見ながら，母親がしっかりと子を抱える和合や依存関係（「甘え」とも言える）の様子が背後から描かれていて，精神的な「和」と身体的な「つながり」の描写が豊かです。この「和」が取り返しのつかない形で壊れ，「きずな」が突然切れるなら，目も当てられない惨状が展開するのです。

図 C 13-2　喜多川歌麿「雨乞」（CG で処理）

225

おわりに

　筆者がかつて幼稚園の園長を務めていたときに，現場で保育カウンセラーの滝口先生と出会いました。そこでは，保育カウンセラーと保育者が互いに，専門的な立場から意見交換を行うことで，日々の保育の見直しと改善および保育者の資質向上が図られるとともに，特別な支援を必要とする子どもの早期発見や早期対応が適切に行えるようになりました。また，保育カウンセラーとの個別相談や懇談会・講演会などを通して，子育てに対する不安が軽減されたり子育てを楽しめる心の余裕が生まれたりした保護者も少なくありません。保育カウンセラーは"特別な存在"でも"外部の人"でもなく，保育者の専門性だけでは対応が難しいときに，多様な視点から子どもの育ちを捉えることを可能にする専門家であり，保護者のよき相談相手でもあり，ともに子どもの育ちを支える仲間になりました。

　多くの保育者は「現場で実践する専門家」だという自負をもって仕事をしていると思いますが，そのことを筋道立てて説明したり文章に書いたりすることに対して苦手意識をもっている保育者も少なくないと思います。もちろん私もその一人です。今回，滝口先生から出版のお話をいただいて，「素敵なことだ」と思うと同時に「私には書けない」と，感じたことを思い出します。それから１年後，臨床心理士と保育者が同じ目的で１冊の本を作るという夢が実現したのです。編者それぞれの親しい研究仲間に執筆をお願いし，各章を担当していただいています。コラムの執筆も心理臨床・保育・教育の分野で実績のある方々が快く了承してくださいました。「はじめに」で滝口先生が書かれているように，「一人ひとりの子どもの健やかな成長を目指して，異なる専門に携わる者たちが取り組んで」，完成した本です。

　保護者・保育者・社会状況など，子どもを取り巻く環境はつねに変化してい

ます。これからは，一人の子どもの育ちについて，異なる専門に携わる者たち
が，どうしたら真に子どものためといえる援助を行っていけるか，それぞれの
立場から意見を交換し協働することが，未来を生きる子どもたちの成長にとっ
て欠かせません。

　心理臨床に携わる者と保育に携わる者とが，それぞれの経験を通して得た知
見を紹介することで，本書を手に取ってくださった方々に，子どもの成長に
とって欠かせない，子どもを取り巻く集団のあり方，家庭や家族のあり方につ
いて，じっくり考えたり新たな視点をもったりしていただけたら幸いです。

　最後に，本書を手にとってくださった方々と，快く協力してくださった執筆
者の方々，出版までのサポートをしてくださったミネルヴァ書房の担当者の方，
RISSHO KID'S きらり・認定こども園 相模女子大学幼稚部・埼玉大学教育学
部附属幼稚園・日野市立第二幼稚園・渥海知子氏（日野市公立幼稚園）・島崎佳
美氏（日野市公立保育所）をはじめ，多くの幼稚園・保育所・認定こども園と
保育者にご協力いただき，出版の運びとなったことを心より感謝申し上げます。

　　　2018年　春

　　　　　　　　　　　　　　　　　　　編者のひとり　井上　宏子

《執筆者紹介》

滝口俊子（たきぐち　としこ）編者，はじめに，第12章
　　放送大学　名誉教授

井上宏子（いのうえ　ひろこ）編者，第2章，第11章，おわりに
　　明星大学教育学部　特任教授

井口眞美（いぐち　まみ）編者，第Ⅰ部で伝えたいこと，第1章・第2章・第3章・第4章・
　　　　　　　　　　　　　　第5章のまとめ
　　実践女子大学生活学部　准教授

金元あゆみ（かなもと　あゆみ）第1章
　　相模女子大学学芸学部　講師

小谷宜路（こたに　たかのり）第3章
　　埼玉大学教育学部附属幼稚園　教諭

山下晶子（やました　あきこ）第4章
　　明星大学教育学部　特任教授

小宮広子（こみや　ひろこ）第5章
　　日野市立第二幼稚園　園長

辻河昌登（つじかわ　まさと）第6章
　　ウィリアム・アランソン・ホワイト精神分析研究所　精神分析家候補生

吉田弘道（よしだ　ひろみち）第7章
　　専修大学人間科学部　教授

飯長喜一郎（いいなが　きいちろう）第8章
　　国際医療福祉大学大学院臨床心理学専攻　特任教授

坂上頼子（さかがみ　よりこ）第9章
　　東京都日野市保育カウンセラー

青木紀久代（あおき　きくよ）第10章
　　お茶の水女子大学基幹研究院　准教授

稲留恭子（いなどめ　きょうこ）コラム1
　　中央区立中央幼稚園　教諭

桐川敦子（きりかわ　あつこ）コラム2
　　日本女子体育大学スポーツ健康学科　准教授

深見真紀（ふかみ　まき）コラム3
　　国立研究開発法人国立成育医療研究センター　部長

高石恭子（たかいし　きょうこ）コラム4
　　甲南大学文学部 教授，学生相談室 専任カウンセラー

榎本眞実（えのもと　まみ）コラム5
　　東京家政大学短期大学部保育科 准教授

馬見塚珠生（まみつか　たまお）コラム6
　　京都府私立幼稚園連盟 キンダーカウンセラー

久保田美法（くぼた　みほ）コラム7
　　淑徳大学総合福祉学部 准教授

大村哲夫（おほむら　てつを）コラム8
　　東北大学大学院文学研究科 助教

岡本加苗（おかもと　かな）コラム9
　　名古屋短期大学保育科 非常勤講師

遠山千尋（とおやま　ちひろ）コラム10
　　熊本市私立幼稚園 カウンセラー

宗田美名子（そうだ　みなこ）コラム11
　　三重県志摩市こども家庭課 心理相談員

奥田晃久（おくだ　てるひさ）コラム12
　　明星大学教育学部 特任教授

北山　修（きたやま　おさむ）コラム13
　　北山精神分析室 精神分析家

《編著者紹介》

滝口　俊子（たきぐち・としこ）

立教大学大学院（心理学専攻）修了，臨床心理士（保育カウンセラー）

現　在　放送大学 名誉教授・立教女学院短期大学 名誉教授
　　　　心理臨床三団体 子育て支援専門委員会
　　　　心理臨床三団体 学校臨床心理士ワーキンググループ

主　著　『子どもと生きる心理学』法藏館，1996年
　　　　『困ったときの子育て相談室』（共著）創元社，2003年
　　　　『保育カウンセリング』放送大学教育振興会，2008年
　　　　『スクールカウンセリング　改訂版』（編著）放送大学教育振興会，2010年
　　　　『現場で役立つスクールカウンセリングの実際』（共編）創元社，2012年
　　　　『子育て知恵袋』（共編著）福村出版，2012年
　　　　『夢との対話──心理分析の現場』トランスビュー，2014年
　　　　『子育て支援のための保育カウンセリング』（編著）ミネルヴァ書房，2015年　ほか

井上　宏子（いのうえ・ひろこ）

東京学芸大学（幼稚園教員養成課程）卒業，明星大学大学院（教育学専攻）修了

現　在　明星大学教育学部 特任教授
　　　　社会福祉法人春献美会 評議員

主　著　『通常学級での特別支援教育のスタンダード』（共著）東京書籍，2010年
　　　　『子育て知恵袋』（共編著）福村出版，2012年
　　　　『子育て支援のための保育カウンセリング』（共著）ミネルヴァ書房，2015年
　　　　『遊びっ子 学びっ子』（共編著）東京書籍，2017年
　　　　『安心感と憧れが育つひと・もの・こと』（共著）明星大学出版部，2017年

井口　眞美（いぐち・まみ）

東京学芸大学大学院（教育学）修了

現　在　実践女子大学生活学部 准教授（幼児教育学）

主　著　『新訂 事例で学ぶ保育内容 領域 環境』（共著）萌文書林，2018年
　　　　『保育・教職実践演習──自己課題の発見・解決に向けて』（共編著）萌文書林，2018年
　　　　『子どもの育ちを支える教育課程・保育課程論』（共著）大学図書出版，2014年
　　　　『保育原理──保育士と幼稚園教諭を志す人に』（共著）東信堂，2014年

保育と心理臨床をつなぐ
──保育者・心理職・保護者の協働をめざして──

2018年7月20日　初版第1刷発行　　　　　　　　　　　　　　〈検印省略〉

定価はカバーに
表示しています

	滝	口	俊	子
編著者	井	上	宏	子
	井	口	眞	美
発行者	杉	田	啓	三
印刷者	坂	本	喜	杏

発行所　　株式会社　ミネルヴァ書房
607-8494　京都市山科区日ノ岡堤谷町1
電話代表　(075)581-5191番
振替口座　01020-0-8076番

© 滝口・井上・井口ほか, 2018　　冨山房インターナショナル・清水製本

ISBN 978-4-623-08337-4

Printed in Japan

子育て支援のための保育カウンセリング A5判 208頁
本 体 2500円
滝口俊子 編著

保育に生かす心理臨床 A5判 248頁
本 体 2400円
馬場禮子・青木紀久代 編

多様性がいきるインクルーシブ保育 A5判 248頁
本 体 2200円
——対話と活動が生み出す豊かな実践に学ぶ
浜谷直人・芦沢清音・五十嵐元子・三山　岳 著

子どもと保育者の物語によりそう巡回相談 四六判 272頁
本 体 2400円
——発達がわかる、保育が面白くなる
浜谷直人・三山　岳 編著

発達障害児・気になる子の巡回相談 四六判 232頁
本 体 2500円
——すべての子どもが「参加」する保育へ
浜谷直人 編著

テーマでみる保育実践の中にある保育者の専門性へのアプローチ A5判 352頁
本 体 2800円
中坪史典 編著

共感 四六判 232頁
本 体 1800円
——育ち合う保育のなかで
佐伯　胖 編

保育者の地平 A5判 312頁
本 体 3000円
——私的体験から普遍に向けて
津守　真 著

季刊誌　発達
1・4・7・10月　各25日発売
B5判／120頁　本体 1500円
乳幼児期の子どもの発達や、それを支える営みについて、幅広い視点から
最新の知見をお届け！

ミネルヴァ書房

http://www.minervashobo.co.jp/